中國學術思想 研究輯刊

十三編

林慶彰 主編

第12冊

《莊子》的生命體驗與倫理實踐

孫吉志 著

花木蘭文化出版社

國家圖書館出版品預行編目資料

《莊子》的生命體驗與倫理實踐／孫吉志 著 ─ 初版 ─ 新北市：
花木蘭文化出版社，2012〔民 101〕
目 2+168 面；19×26 公分
（中國學術思想研究輯刊 十三編；第 12 冊）
ISBN：978-986-254-796-0（精裝）
1.（周）莊周 2. 莊子 3. 學術思想 4. 研究考訂
030.8   101002163

ISBN-978-986-254-796-0

9 789862 547960

中國學術思想研究輯刊
十三編　第十二冊   ISBN：978-986-254-796-0

《莊子》的生命體驗與倫理實踐

作　　者　孫吉志
主　　編　林慶彰
總 編 輯　杜潔祥
出　　版　花木蘭文化出版社
發 行 所　花木蘭文化出版社
發 行 人　高小娟
聯絡地址　新北市永和區中正路五九五號七樓
　　　　　電話：02-2923-1455／傳眞：02-2923-1452
網　　址　http://www.huamulan.tw 信箱 sut81518@gmail.com
印　　刷　普羅文化出版廣告事業
封面設計　劉開工作室
初　　版　2012 年 3 月
定　　價　十三編 26 冊（精裝）新台幣 42,000 元

《莊子》的生命體驗與倫理實踐

孫吉志　著

作者簡介

孫吉志，中山大學中文博士，現任美和科技大學通識教育中心助理教授，研究以《莊子》、臺灣當代古典詩為主。

提　　要

　　本書以《莊》解《莊》，著重探討《莊子》如何提升內心的修養體驗，並落實於生活中，以彰顯《莊子》修養工夫的實踐意涵。第二章探討如何藉由「猶有未樹」、「猶有所待」的提升心靈，以由技入道，及至人生命的積極開展、應化解物的瀟灑丰采。第三章分論生命體認與工夫轉化為四節，凸顯衝突至於調和，並發展為積極的面向：「生死夢覺」展現生死、夢覺的統一，及大化流行下的安時處順與物化；「大戒的消解」展現以自事其心消解大戒，以至於乘物遊心、坐忘；「知識的齊物義」探討真知與經驗知識、認知活動、生活閱歷的相互涵融，展現《莊子》對知的敞開立場；「天刑與逍遙」探討天刑的根源，乃因自是而使刑者自刑，遁天之刑的根源亦同，實可化解以成逍遙。第四章生命現存的落實與開展，分論「《莊子》的情意觀」、「《莊子》創新開展的科技發展觀」。情意觀論述《莊子》人生之情的落實與安頓，先調和至人無情與親情之說，再化除己身遭逢變故或面臨他人不幸時的情感動盪；科技發展觀論述《莊子》創新開展的器物觀點與無所可用的創新精神，彰顯《莊子》從批評惠施拙於用大、有蓬之心出發，發展而為反對機心，肯定器物發展，以乘物遊心，實有其一貫的立場。

目

次

第一章 序 論

第一節 研究動機與目的

　　《莊子》中有許多觀點，若就其文字表面的意義來看，似有衝突矛盾，如「眞人不夢」與「莊周夢爲蝴蝶」，〈天下〉稱莊子爲至人，則莊子當不夢，但莊子又明明有夢，這該如何溝通？明明強調無情，卻又言孝說友，這該如何解釋？一面說知是爭之器，一面又說知亦有聾盲，否定知之時，似乎又肯定知，則莊子究竟如何看待知？器物運用眞是「有機事者必有機心」而該毀棄，抑或該「乘物以遊心」？

　　這些眞是理論的衝突矛盾嗎？若眞是「達者知通爲一」、「道通爲一」，則這些理論的衝突都不該是衝突，都該有所調和，且「有眞人而後有眞知」，故可知這些調和必當是修養實踐意義。唐君毅先生以爲莊子之道的根本，要在化人之心知爲神明，以游心於天地萬物的轉易變化，以見「天地與我並生，萬物與我爲一」。〔註1〕傅偉勳先生則以爲莊子從未正面肯定（或否定）『眞宰』或『造物者』的存在，因而實體意義的道並無詮釋學的優位，祇能當作一時浮泛之辭。〔註2〕因此，本文將試從修養實踐的角度討論《莊子》這些論點。

〔註1〕 見唐君毅：《中國哲學原論原道篇卷一》（臺北：臺灣學生，1978年4月），頁285。

〔註2〕 見傅偉勳：《從西方哲學到禪佛教——「哲學與宗教」一集》（臺北：東大，1986年6月），頁412。

再者，若調和了這些衝突矛盾之處，則又可以此爲基點不斷變化，積極開展無窮無際的生命，甚至於積極開展新奇美麗的生活世界，自不同於消極的退避，故本文亦嘗試加以論述《莊子》此積極開展的精神。

第二節　研究現況與成果

莊學的研究繁盛，觀念屢屢翻新，與舊有成果相輝映。近現代的莊學研究概況，可參見高峰先生《大道希夷——近現代的先秦道家研究》一書，主要簡介大陸這一時期的研究成果，未列入港、臺學者，其持論頗爲客觀，沒有意識型態的主觀認定。近幾十年來的研究概況，可參見黃錦鋐先生的三篇介紹，〈六十年來之莊子學〉，此長文收入《六十年來之國學》一書，〈近三十年來之莊子學，專著部分〉，〈近三十年來之莊子學，論文部分〉，二文蒐列至1981 年的研究。大陸方面，可參見曹智頻先生〈大陸近五十年來的莊子研究〉一文，大陸的研究多強調莊子的矛盾面、消極面，少能真正加以調和。

在莊子之道爲修養實踐之道的論述上，唐君毅先生的論點頗爲圓融。唐先生關於莊子的論述主要見於《中國哲學原論原道篇卷一》、《中國哲學原論導論篇》，著重於調理人的生命與心知的關係以成真人、至人、聖人之道。其以爲透過無名、無功、無己而成就的真人大知能涵小知，而小知不足以知大知。此是小大之辯之旨，以明精神境界的大小差異。

唐先生且認爲由無己則可自拔於成心，更開放其心以通觀人我之是非，使人我之所是，得互觀而兩行，相和而兼成，並化除生命與心知之內外間的對反，使心知內在於其生命，而與此生命相俱以共，依乎天理而流行，而遊於人間世。也就是說，真人一面與天爲徒，一面與人爲徒，而藏心知生命於渾沌中，不爲小知所測。但是若能無己，則已成真人，真人自無成心，所以要說明如何透過修養進程以成就真人，顯然就不能從無己來談，而必須如〈逍遙遊〉中從一般人、宋榮子、列子，一步步說明，開拓人的心胸境界。

徐復觀先生關於莊子的論述亦頗爲士林所重，主要見於《中國人性論史》、《中國藝術精神》。其以爲由修養工夫所達到的人生境界來看，此工夫乃是偉大藝術家的修養工夫，但只能以道來範圍藝術精神，不可以藝術精神範圍道，道遠較藝術的範圍爲廣，成就藝術的人生。他顯然認爲莊子之道不止於藝術的觀照，且有藝術的工夫實踐，不會與物保持距離。

　　徐先生又以爲莊子的道、天、德實質上是相同的，且都化成了人生的精神境界，立足於「心」上，特重「忘」、「化」、「獨」。忘己忘物則超脫對待，觀化、物化則安於化而入於獨，得絕對自由的精神境界，使個人的智慧不會落入分別之知。又認爲齊物的平等觀落實於物，就是不從物的分、成、毀來看物，而從「用」來看物，物能各得其用，即各得其性，而見各物歸於平等。此觀點對於本文討論《莊子》的知識、器物觀點，有相當大的助益。

　　徐先生又以爲命乃是人秉生之初，從「一」所分得的限度，分得如此，就是如此，毫無出入，似落入命定論，不能顯《莊子》調適上遂的積極面貌。其以爲莊子否定情慾，以爲是非自情而來，無情即無好惡，亦以「知」爲情，故去知以泯是非，但其在承認莊子的心時，也承認不能一往的反知。顯然徐先生對「知」、「情」的意義、衝突之處，未能統整調和。

　　牟宗三先生的論述亦頗爲士林所重，主要見於《中國哲學十九講》、《才性與玄理》，以純爲「境界形態形上學」提點莊子的義理性格，進以向、郭義論述逍遙、跡冥論、天刑、四門示相義。牟先生以爲莊子亦如老子以「致虛極，守靜篤」而起沖虛之觀照，是純粹的境界型態。若以此說明莊子的至人心境則很有創見，但其以爲莊子僅止於觀照、寂照，是不生之生，對外物不加干涉，這就可能無法解釋〈應帝王〉壺子四門示相積極主動的意義。

　　牟先生又以爲逍遙是一觀照的藝術境界，而非一修養境界，其工夫是消極主義之去礙，並以此說明跡冥、天刑，顯跡冥如一，跡不可免，故知桎梏不可免，天刑是勢所必然，只因情尚於冥，故能消化此冥，亦不以桎梏爲桎梏。然莊子之逍遙實爲修養實踐所得，非觀照所能說明，其天刑義亦非如向、郭所釋，而實指問題的根源在於自己內心有所執滯，所以得天刑而不可解，但若能去除自是，一步步解開執滯，則天刑亦有可解之時。

　　牟先生也指出向、郭於齊物義不足而別講，此可參考謝大寧先生〈齊物論釋〉，〔註3〕陶國璋先生整構《莊子齊物論義理演析》。〔註4〕以爲天籟即是自然，只是一主觀境界，自己無待則一切無待，自己平齊則一切平齊，此凸顯於詭辭爲用上。但是《莊子》的齊物乃是一修養實踐的精神境界，並非詭

〔註3〕　刊於《鵝湖》第 229、230、232 期（1994 年 7 月，8 月，10 月），前三分之二是根據牟先生上課時的疏解內容寫出來的，從「此之謂葆光」後，乃由謝先生依前文思路推衍完成。

〔註4〕　此書爲牟先生講記，加入作者個人詮釋，並參酌謝大寧先生的意見，故稱爲整構。

辭為用所能說明。唯牟先生認為莊子對客觀知識是敞開的態度,這是對的,本文即由此敞開的態度進而論述由經驗知識、認知活動進於真知、齊物的修養實踐。

在死生與夢覺的觀念上,徐聖心先生碩士論文《莊子內篇夢字義蘊試詮》,由夢的形成討論真人夢與不夢的關係,並論及生死觀,很有創發性。他提出真人不夢是「心齋」、「神凝」的狀態,而對真人有夢則援引佛教說法,以為是一種深觀,且以為夢覺之間的途徑即是「葆光」。但此與莊子似有所不同,莊子是以大夢大覺的「不知」而相統一,並由此論生死夢覺的統一,此為本文的討論重點。

在義、命與忘的關係中,王邦雄先生〈道家思想的倫理空間——論莊子命與義的理念〉說,莊子以天道遠在父之上,真君遠在君之上,消解子之愛親的命,與臣之事君的義,給出了精神無待的自在空間。惜未能就文本深入說明。吳建明碩士論文《莊子安命哲學之探究》,將命分為「氣命」與「理命」,一方面批駁命定論不能藉由努力而體道逍遙的謬誤,一方面認為體道歸真的工夫即是對「氣命」的體認與無擇任遇,進而冥契於道的「理命」境界而得安命逍遙。惜其對於命的理論架構乃源自於外、雜篇,且未能消解父母之命與道的扞格。本文則立於「忘」的意義,進而論內篇之義、命,並就文本消解義、命與天道的扞格,說明莊子對於義、命論題的開展。

在知與齊物的論題中,陳鼓應先生《老莊新論》強調真知,以為真知是內在生命的自由,對自然與人生的關係有透徹的瞭解,而外在知識是用來安頓人的內在生命。林聰舜先生〈論莊子的「小大之辯」與「齊物」及其關係〉,說明小大之辯乃是論生命境界的高低,而非外物之大小,故應棄小從大,以大涵小,以高涵低,近於唐先生的觀點。林先生進而論齊物乃是破除大小對立,以達成「大」的境界,「天地與我並生,而萬物與我為一」的平等境界,這裡所要破除的小大對立,乃是俗知與我執,是「成心」之執下的小大,而不是生命境界的小大、高低,兩種觀念並不矛盾。二位先生的論點深入,頗有可觀。本文則兼採唐君毅先生的意見,以為真知、客觀知識、認知活動可以調和,而兼知天所為與人所為,以成齊物之真知。

在情感的落實與安頓上,諸學者皆著重於無情,無好惡之情的論述,而陳品卿先生以為以人理觀之,事親則「孝」,以天理觀之,至仁無親。〔註5〕這對

〔註5〕見陳品卿:《莊學新探》(臺北:文史哲,1984),頁338～340。

於理解至人除哀樂外的情感，是很好的切入點，但是其對於孝與至仁之間的衝突，應如何處理，並未有進一步的探討，且此說恐有將人的情感一分為二之嫌，似不合至人生命一貫的情感。王邦雄先生則進了一步，由消解命之限定而消解孝、忠的困境。〔註6〕此說貫通了至人的情感，但王先生卻未對〈人間世〉「大戒」一則文本作深入的討論，以完全消解「大戒」「無所逃於天地之間」的限定，亦未論及至人交遊，以及突遭變故、異狀時的情感安頓，甚為可惜。黃錦鋐先生則以為無情是超越利害是非觀念和萬物化合的至情，是「相忘於江湖」的大情，是對天地間無論有生命、沒有生命的所發生的至情，超乎個人的感情，而不是對某一事物或某一個人的感情，因此反而像是無情的樣子。〔註7〕此說頗有見地，但這該是至人的主要精神，一旦突遭變故、異狀，就真的不會有任何情感的動搖嗎？頗值得討論。因此，本文將深入討論義、命的意義與消解之道，並論述《莊子》以精神境界為標準的至人友情觀。

對於器物的觀點，楊儒賓先生《莊周風貌》，已經在器物運用與至人結合上踏出一步，藉〈天地〉漢陰丈人的寓言，說明至人對於器物的態度乃是「乘物以遊心」，不為「機心」所縛。本文則加入徐復觀先生物用的觀點，「無所可用」的論點，及對客觀知識敞開的態度，探析莊子器物觀的面貌。

至於章節段落的疏證、解釋，則多藉助於王叔岷先生《莊子校詮》，陳鼓應先生《莊子今註今譯修訂本》。王先生考證、疏解並重，成績斐然，早為士林所重；陳先生對資料的蒐集整理、文本譯註的功力皆相當深厚，實多助於後學。於古籍注本方面，則多藉助於郭慶藩編、王孝魚整理《莊子集釋》，林希逸《莊子鬳齋口義》，王夫之《莊子通、莊子解》。郭書收郭象注、成玄英疏、釋文所輯，為習莊者所必備。林書於義理疏解，文采可觀。王書於人間世修養體證方面，義理頗為深入，於本文多所助益。

第三節 本文的問題焦點與研究方法

本文的問題焦點在於《莊子》書中體驗修養的衝突與和諧的部分，當然必須先解決「道」的屬性，確定果為體驗修養之「道」，而後才能深入其核心，

〔註6〕 見王邦雄：〈道家思想的倫理空間——論莊子命與義的理念〉，《現代化研究》，第 10 期（1997 年 4 月）頁 3～10。

〔註7〕 見黃錦鋐：《莊子及其文學》（臺北：東大，1977），頁 49～50。

探求理論衝突發生的原因及其調和的方法。

筆者以為莊學研究裡，在主體精神的理論建構上，前人已有很好成果，當在前人的基礎上討論主體生命體驗與生活實踐的關係，甚至將其中看似衝突之處加以調和，例如：是應當宿命的接受抑或當積極調適以開展？名位真是一種天刑，還是也可以逍遙承擔？知性的發展是否真會造成不能齊物的遺憾？生死夢覺真是截然割裂且對立的嗎？有情一定是一種妄念、妄動，而必歸之於無情嗎？科技的發展必然帶來機心動亂嗎？

筆者以為《莊子》的修養實踐性質很濃厚，與生活現實又有密切關係，不妨重回書中尋繹莊子的解決之道。又因為以本經解本經是最佳的註解方式，而生活世界是最好的驗證，所以本文擬回到《莊子》原文重新探索，以內篇為重，外篇為輔，因為內篇的義理較為深刻，最為學者肯定，而從探索中發覺未盡的意涵，通過語意澄清、脈絡分析，重新加以詮釋，並輔以實際的生活狀況為驗證，以凸顯主體感受與現實環境的對應。

另外，本文捨棄一般論文引用許多哲學家論點參照的寫作模式，也不引用太多學者的說法，一方面避免造成喧賓奪主的傾向，一方面也可證明《莊子》一書本就自成一迴環反覆的系統，猶如環中以應無窮，論證《莊子》也可以很簡易，毋須龐雜。且本文探討《莊子》著重於如何提升內心的修養體驗，並落實於生活中，以彰顯《莊子》修養工夫明朗貫徹的實踐意涵；而非著重在服食養生、練氣等等修練性的工夫上，因為這些都因各宗派的傳承而有所不同，不適合作《莊子》文本的討論。

最後略述本文的章節，第二章將探討《莊子》修養進路的「道」，析論莊子蛻變與成熟的修養工夫，由向郭、支遁的逍遙義談起，說明逍遙是由技入道，而至於忘適之適，並論心齋及其心、氣關係，而及體道之不可傳。進而說明修養進程的方法，不是以是非論斷而得進步，乃是以「猶有未樹」、「猶有所待」的方式提升，給自己一個可以進步的空間，得以真正開拓，進而真正體道。此並說明天籟、喪我的意涵乃是與天地萬物所有的演變合一，且由壺子的寓言知道的無止盡與不可測，也得知至人生命的積極開展，有其應化解物的瀟灑丰采。

再說明至人之心的演繹，先說「境界形態形上學說」的意涵，此由牟宗三先生解說《老子》時提出，並運用於解說《莊子》，但此說卻僅止於「不生之生」的消極精神，不及《莊子》開拓發展的積極精神，故本文援引〈應帝

王〉壺子的寓言以補強「境界形態說」的意涵。再以修養實踐的觀點嘗試解說《莊子》中看似實有義的章節，尤其是〈大宗師〉「夫道，有情有信」一則，使修養論的觀點更加堅實。

第三章分論生命體認與工夫轉化為四節，說明各組意涵彼此的關係，凸顯衝突至於調和，並發展為積極的面向。第一節永恒的夢，藉生死、夢覺相互比喻的關係，說明生死、夢覺的意義相等，進而成為一積極統一體，化成生命的自然流轉。進而說明因果論實乃承生命流轉而來，承續都在當下一刻，必須勇於面對，安時處順，若不能自己解脫，就是自己執滯於外物，讓外物束縛住。但安時處順不是消極的隨順，而是在大化流行下、現實環境下尋求積極主動的開拓，進而體道，遊於生死夢覺之間。此節並論述物化、「殺生者不死，生生者不生」，與大化相契的境界。

第二節大戒的忘懷，討論義、命、忘的問題。義是客觀環境下的生活規範，無所逃，雖可選擇，但不一定時時都可選擇。命是不可解之事，此非宿命論，而是積極的情感調適。且無所逃等同不可解，義等同於命。欲解大戒，須自事其心而忘其身，至於坐忘、忘適之適。此節並論去知是忘掉因偏好、偏執而來的差別性判斷，也就是去其因偏好、偏執而產生的過度的知識活動，不是去經驗性的、分解性的、概念性的知識活動。

第三節討論知識的齊物義，說明經驗知識、認知活動的重要，只有將其掌握清楚，才能安享生活，但不可以因此而被經驗知識、認知活動所侷限。若從功用的適當與否來看，則經驗知識、認知活動平齊，其差異是自然分際。只要保持個人客觀性，就不容易因此而閉塞，經驗知識、認知活動與真知也就不會對立，並可藉由深刻的觀察體驗、認知活動瞭解真知的內涵，由「可矣，猶未也」的不斷努力而達於齊物，使真知與經驗知識、認知活動、生活閱歷相互涵融，而經驗知識、認知活動、生活閱歷也成為天性的一部份。最後說明「聖人不謀，惡用知」、〈養生主〉「吾生也有涯」則、「知者也，爭之器」、「去小知而大知明」的真意。

第四節討論天刑與逍遙，說明天刑的根源，並非外在的名利、生死的桎梏，而是自是、自我執滯的心態，可見天刑的根源仍在自己，因自己的自是、執滯，所以得此天理自然的刑罰，可說是刑者自刑，正與遁天之刑的根源相同。若無自是、執滯，則可以無繫於心得其懸解，而有寬闊的世界以逍遙，務事與不務事就都不是構成天刑與逍遙的絕對條件，不務事可以逍遙，務事

也可以逍遙。

第四章生命現存的落實與開展，分為兩節。第一節「《莊子》的情意觀」，論述《莊子》關於人生之情的落實與安頓，先對聖人無情與親情的調和一論述，以知聖人之情乃秉受於自然大化，有其天性的骨肉親愛之情與自然之好惡，並說明君臣之情並非秉受於自然大化，乃因人世的君臣關係而產生，進而破斥世俗之情如得失、榮辱的虛妄。至於己身遭逢變故或面臨他人不幸之時，內心也可能有所動盪，則如何化除這些情感的動盪，也有所說明。《莊子》中尚有少數論及友情的段落，亦將之節出，以勾勒聖人以精神境界為標準的特殊友情觀。

第二節「創新開展的科技發展觀」，論述《莊子》創新開展的器物觀點。先說明器物亦為道的展現，以用的角度來看，物各得其用，於是器物歸於平等。至於器物的製作，最高境界是技進於道的「疑神」。繼而說明無所可用的創新精神，因無所可用而得跳脫習常思考，反得全新的大用、妙用，而得創新之精神，進而使器物製作有創新的發展。前人多以《莊子》外、雜篇的觀點，「殘樸以為器，工匠之罪也」、漢陰丈人「有機械者必有機事，有機事者必有機心」等，認定《莊子》否定機械、否定科技發展。但事實上內篇中反而是批評惠施拙於用大、有蓬之心，強調「乘物以遊心」，認為器物的發展也是天地萬物演變的一環。且漢陰丈人的故事，其實不是讚揚他，而是批評他受制於物，無法「乘物遊心」。顯然外、雜篇中否定器物發展的觀點並不合於內篇，且內篇的觀點大體上仍貫通到外、雜篇。故本文將就此點深入討論，提出《莊子》從批評惠施拙於用大、有蓬之心出發，發展而為反對機心，肯定器物發展，實有其一貫的立場。

第五章結論，對論述所得，做綜括的敘述，以結束本文。

第二章　「道」的修養進路

　　《莊子》論「道」多以修養實踐言之，如〈齊物論〉：「是非之彰也，道之所以虧也。道之所以虧，愛之所以成。」〈養生主〉：「所好者道也，進乎技矣。」〈人間世〉：「唯道集虛。虛者，心齋也。」所在多有，不一一羅列，〔註1〕可見《莊子》一書對實踐的重視，〔註2〕因此修養進路也就顯得重要，所以本文以此爲主要論述。

　　當然，主體自身的實踐並不取決於理論、知識、理智能力等，主體的理論、知識、理智能力充其量只能作爲主體修養實踐的輔助，但因可以作爲輔助，故筆者也不揣鄙陋，提供一己之見，以探究《莊子》修養實踐的內涵。

第一節　蛻變與成熟

　　本節主要析論莊子蛻變與成熟的修養工夫，以及至人風貌。由向郭、支遁的逍遙義談起，說明逍遙是由技入道，而至於忘適之適，並論心齋及體道之不可傳。且說明修養時一層進於一層，不是由是非論斷而來，乃是以「猶

〔註1〕 有些學者認爲《莊子》的道是觀念性實體，如劉笑敢說：「道既不是感性的物質存在，也不是有意志的精神主體，道是中國哲學特有的關於世界本根的設想，是超越物質世界的抽象的絕對的思想觀念，是絕對化的觀念性實體。」見劉笑敢：《莊子哲學及其演變》（北京：中國社會科學出版社，1993 年 3 月，）110 頁。這種說法顯與《莊子》修養實踐義不相契，亦非本文論述重點，故不加詳述。

〔註2〕 楊儒賓先生說：「莊子並不特別看重理論，因此，如果從實踐的觀點來看，道的客觀性、實體性就不是那麼重要了。」見楊儒賓：《莊周風貌》（臺北：黎明，1991 年），42 頁。

有未樹」、「猶有所待」的方式提升，給出一個可以進步的空間，得以真正開
拓，進而體道。又說明天籟、喪我即是與天地萬物所有的演變合一，且由壺
子的寓言得知道的無止盡與不可測，也得知至人生命的積極開展，有其應化
解物的瀟灑丰采。

一、道與技

要探究《莊子》修養實踐的內涵，首先要討論的當然是宗旨，逍遙的意
義。前人的註解以郭象、支道林的逍遙論最受矚目，郭象說：

　　夫小大雖殊，而放於自得之場，則物任其性，事稱其能，各當其分，
　　逍遙一也，豈容勝負於其間哉！〔註3〕

只要自得，則不論小大皆能逍遙，郭象的說法固然有理，但刪除了自我成長
的動力、機會，似乎不是〈逍遙遊〉鯤鵬之喻的本旨，〔註4〕有個重要的線索
在其注「之二蟲又何知」時，他說：

　　二蟲，謂鵬蜩也。〔註5〕

〈逍遙遊〉鯤鵬之喻的二蟲明明是指蜩與學鳩，郭象刻意曲解為鵬、蜩，以
符合其「小大雖殊，逍遙一也」的理論，俞樾也說：「二蟲即承上文蜩、鳩之
笑而言，謂蜩、鳩至小，不足以知鵬之大也。郭注云二蟲謂鵬、蜩也。失之。」
〔註6〕既然蜩與學鳩不足以知鵬而笑之，只見小而不知大，這正如〈秋水〉河
伯自言「聞道百以為莫己若者，我之謂也。」既然小不能知大，又無成長，
豈能真正得其逍遙？且〈大宗師〉「南伯子葵」章及「坐忘」章皆言修養實踐
有其次第，又豈是一句「放於自得之場」就可以免除修養實踐的，顯然郭象
的論點有其缺憾。莊耀郎先生也說：「郭象將逍遙之說的重點由莊子的主體工
夫之超昇的觀點轉向極其性分、適性安命的理境，如此便輕而易舉地解決逍
遙是否可以普遍的困難。」又說：「在《莊子》處，將逍遙一理境係於無待，
乃所謂『若夫乘天地之正，而御六氣之辯，以遊無窮者，彼且惡乎待哉！』，

〔註3〕見郭慶藩編，王孝魚整理：《莊子集釋》（臺北：群玉堂（國文天地），1991
　　　年10月），頁1。
〔註4〕郭慶藩引其父之言：〈天下篇〉莊子自言其道術充實不可以已，上與造物者遊。
　　　首篇曰〈逍遙遊〉者，莊子用其無端崖之詞以自喻也。注謂小大雖殊，逍遙
　　　一也，似失莊子之恉。見郭慶藩編，王孝魚整理：《莊子集釋》，頁2。
〔註5〕見郭慶藩編，王孝魚整理：《莊子集釋》，頁10。
〔註6〕見郭慶藩編，王孝魚整理：《莊子集釋》，頁10。

而將有待者如列子以下視為未得與於逍遙者。然郭象機鋒一轉，不論有待、無待，皆同得逍遙，由此可知郭象判定能否逍遙的條件不在於有待或無待，而在於是否『各安其性』，也就是適性與否。因此，若將莊子的逍遙稱之為『無待的逍遙』，則郭象的逍遙可以名之為『適性的逍遙』。雖然說同稱逍遙，畢竟所重的內涵已有不同。」〔註7〕

支道林〈逍遙論〉說：「夫逍遙者，明至人之心也。……至人乘天正而高興，遊無窮於放浪；物物而不物於物，則遙然不我得，玄感不為，不疾而速，則逍然靡不適，此所以為逍遙也。」〔註8〕明確指出所謂「逍遙」，是表明至人的心境。此「心」之涵「不我得」，「不為」的工夫，以至於「不疾而速」，「逍然靡不適」的境界，皆此心自覺之呈現。且支道林所標舉的乃至人的精神境界，和《莊子》通過無為的工夫，超我於塵俗之上，順任自然，以遊無窮的境界是相通的，可見支道林對「逍遙義」的理解較郭象更近於莊子。〔註9〕而至人是體道之士，當然也就是說，「道」是內心修養實踐而得的。〔註10〕回到《莊子》中求印證，〈逍遙遊〉揭示：

> 之人也，之德也，將旁礴萬物以為一，世蘄乎亂，孰弊弊焉以天下為事！之人也，物莫之傷，大浸稽天而不溺，大旱金石流土山焦而不熱。

「之人」是神人、至人，其德行與天地萬物為一體，而世喜爭求紛擾，故不以天下俗務來自我勞頓。「大浸稽天而不溺，大旱金石流土山焦而不熱」，是稱讚神人「物莫之傷」，其能力可真是神異了。但若從「德」，內心德行一面來看，則可指外物不能動其本心，〔註11〕其德行既與天地萬物為一體，水旱

〔註7〕 見莊耀郎：《郭象玄學》（臺北：里仁，1998年3月），頁59，頁61。

〔註8〕 見余嘉錫：《世說新語箋疏》（臺北：華正，1993年10月），頁220，〈文學〉32條劉孝標注。

〔註9〕 見莊耀郎：《郭象玄學》，頁67，頁68。

〔註10〕 徐復觀先生的說法與之相同。他說：莊子只是順著在大動亂時代人生所受的像桎梏、倒懸一樣的痛苦中，要求得到自由解放；而這種自由解放，不可能求之於現世。也不能如宗教家的廉價地構想，求之於天上，未來；而只能是求之於自己的心。心的作用、狀態，莊子即稱之為精神；即是在自己的精神中求得自由解放；而此種得到自由解放的精神，在莊子本人來說，是「聞道」、是「體道」、是「與天為徒」，是「入於寥天一」。見徐復觀：《中國藝術精神》（臺北：臺灣學生，1992年7月），頁61～62。

〔註11〕 見林希逸著，周啓成校注：《莊子鬳齋口義校注》（北京：中華，1997年3月），頁9。

自不能動其心志。

〈秋水〉則進一步落實：「至德者，火弗能熱，水弗能溺，寒暑弗能害，禽獸弗能賊。非謂其薄之也，言察乎安危，寧於禍福，謹於去就，莫之能害也。」能洞察安危、安心於禍福、進退謹慎，則不自陷於危險的境地，物就不能加害，當然也就能逍遙，所以「逍遙」並重心境與行為，若行為不能配合，心境也會因不能真正落實而失去寧定。

就逍遙的心靈與行為的合一而言，是必須再深入討論的。茲以〈養生主〉「庖丁解牛」為例說明：

> 庖丁為文惠君解牛，手之所觸，肩之所倚，足之所履，膝之所踦，砉然響然，奏刀騞然，莫不中音，合於桑林之舞，乃中經首之會。文惠君曰：「嘻，善哉！技蓋至此乎？」庖丁釋刀對曰：「臣之所好者道也，進乎技矣。始臣之解牛之時，所見無非全牛者；三年之后，未嘗見全牛也；方今之時，臣以神遇而不以目視，官知止而神欲行。依乎天理，批大卻，導大窾，因其固然。技經肯綮之未嘗微礙，而況大軱乎！良庖歲更刀，割也；族庖月更刀，折也；今臣之刀十九年矣，所解數千牛矣，而刀刃若新發於硎。彼節者有閒，而刀刃者無厚，以無厚入有閒，恢恢乎其於遊刃必有餘地矣。是以十九年而刀刃若新發於硎。雖然，每至於族，吾見其難為，怵然為戒，視為止，行為遲，動刀甚微，謋然已解，牛不知其死也，如土委地。提刀而立，為之而四顧，為之躊躇滿志，善刀而藏之。」文惠君曰：「善哉！吾聞庖丁之言，得養生焉。」

這是很奇特的一則，解牛乃是血淋淋的場面，而庖丁言解牛之道，文惠君卻得養生之旨，解牛與養生的關係可真令人好奇。若從「依乎天理」、「因其固然」、「怵然為戒」、「善刀而藏之」來看，可得一二。若與物相刃相靡，則必損其生命，如良庖更刀乃因割肉，族庖更刀乃因砍牛骨，皆不能以無厚之刀刃入骨節筋絡皮肉的間隙，而庖丁則依牛之天理，因牛之固然，不與之相刃相靡，至於筋骨盤錯之處，也怵然為戒，小心謹慎。解牛完成，雖然躊躇滿志，卻不露鋒芒地善刀而藏，故能不損其刀，用十九年仍如新發於硎。用刀如養生，故文惠君聞言而曰「得養生」。

再將此則分成幾點討論。首先，由「所好者道也，進乎技矣」與「得養生焉」觀之，「道」乃是生活體驗實踐而得，當然也能回歸於生活中，成為學

習的對象，這學習是精神的學習，只要得此精神，外在的表現就可以依個人實際需要而加以變化，因為外在的表現乃隨其精神而呈現，萬變不離其宗，故體會此精神的文惠君，即可將「道」的表現由解牛轉變為養生。

第二，「進乎技矣」的道，並不是超越技術、技巧這樣簡單的說法而已，應該說是立足於技術、技巧，融合技術、技巧，〔註12〕更進一步提升到「心靈修養」的層次，且由「心靈修養」貫通這一切。〔註13〕也就是說，生命要得真正解脫、逍遙，就需要養生，養生不是僅止於以各種技藝、技巧來保養生命，而是立足於此，更進一步提升到「心靈修養」的層次，且由「心靈修養」貫通這一切，也就是擴大視野，提升見識，成就事務，又不為事務所羈絆，才能得生命的真正解脫、得其逍遙。

第三，庖丁解牛的進程，是一種體道的進程。最先見全牛，而後經細部的觀察，逐漸瞭解牛的天理（骨骼、生理結構），歷經客觀經驗知識的累積而「未嘗見全牛」，加以技巧的鍛鍊，見識、心靈修養的提升，最後達到「以神遇而不以目視，官知止而神欲行」的最高境界。這表示學習必須從「天理、固然」等基礎層面學起，即從技、官知的層面學起，〔註14〕客觀的經驗知識、基礎的學習熟練了，見識、心靈修養提升了，才能進於道、神欲。故可知不論是族庖因折而月更刀，良庖因割而歲更刀，皆可能因基礎學習未能熟練，且不能由「心靈修養」貫通這一切，才停留在「技」的境界中。

第四，能夠達到技進於道的境界，則能「以無厚入有間」，遊刃有餘，這就是逍遙的境界了。但是逍遙並不代表就可以任意隨便，尤其至於筋骨之「族」，筋骨盤結之處，動刀就需「怵然為戒」，更加小心謹慎。若以養生觀

〔註12〕見楊儒賓：《莊周風貌》，61 頁：道要建立在技上面，但道不僅於技，它要進於技；神欲要經由官知發展而來，但神欲不僅於官知，它要融合官知，使官知止而神欲行。

〔註13〕見楊儒賓：《先秦道家「道」的觀念的發展》（臺北：臺大文史叢刊，1987 年），頁 79～80：由技進道」的保證不能從技藝上聯想，而當從「心靈修養」這觀點進入。技巧的純熟不是沒有幫助，但這幫助不是本質性的。只有經由常心的呈現，以它為現實心靈運作的背景，技藝才可進於道。

〔註14〕見楊儒賓：《莊周風貌》，頁 63～64：當我們說「由技進道」及「官知止而神欲行」時，已經預設了「技」與「官知」不可被忽略掉，「道」與「神欲」需要建立在它們的基礎上。因此，庖丁解牛固然可以達到神乎其技，但在達到這個境地之前，他必需先學會解牛的一套技術，如何解，如何割，何處是肯綮，何處是大窾，這裡顯然都是技術與官知層面的事。……這種官知與技的階段雖然淺顯，只是初階，但再怎樣高的神藝都必須踏在此初階的基礎上，不可躐等。

之，當事件盤結錯雜，就需小心謹慎處理。小心謹慎與逍遙不僅不相悖，且有相輔相成之效。甚且可說小心謹慎、安於禍福，乃能成就逍遙，而真正逍遙的人才懂得小心謹慎，不妄為，不僅日用的工具會妥善保存，也不會讓個人鋒芒畢露。

〈達生〉中「呂梁蹈水丈夫」的寓言，也一樣宣傳了心靈修養與行為並重的重要：

> 孔子觀於呂梁，縣水三十仞，流沫四十里，黿鼉魚鱉之所不能游也。見一丈夫游之，以為有苦而欲死也，使弟子並流而拯之。數百步而出，被髮行歌而游於塘下。孔子從而問焉，曰：「吾以子為鬼，察子則人也。請問，蹈水有道乎？」曰：「亡，吾無道。吾始乎故，長乎性，成乎命。與齊俱入，與汨偕出，從水之道而不為私焉。此吾所以蹈之也。」孔子曰：「何謂始乎故，長乎性，成乎命？」曰：「吾生於陵而安於陵，故也；長於水而安於水，性也；不知吾所以然而然，命也。」

「蹈水丈夫」寓言的詮釋，徐復觀先生提出了寶貴的意見：

> 他所說的「故」、「性」、「命」，實際是說明他的技巧修養上的三個過程。因為是山上的懸瀑，所以他首先要與山相習，相習之至，有如故舊，這即是「故」。進一步要與水相習，相習之至，有如性成，這就是「性」。再進一步而感覺自己與此懸瀑為一體而不可分，有涉險之巧而忘其為巧，這即是「命」。……此一蹈水丈夫之精神，是與此懸瀑為一體，心無險巇，所以能「與齊俱入，與汨偕出，從水之道」而「不知其所以然而然」。〔註15〕

依徐先生的說法，「故」、「性」、「命」雖是技巧修養的進程，但也可說是實踐修養之道的進程。先須與山相習，使山勢形態熟悉如故舊，此即是「故」。再與水相習，熟悉水性使如自身性成，此即是「性」。透過一步步的涵養學習，終與此懸瀑為一體而不可分，故說「不知其所以然而然」，達到此境地則能順應變化而變化自如，有涉險之巧而忘其巧，故說「無道」，沒有一成不變的規矩方法。這裡的「不知其所以然而然」，也正是〈達生〉「忘適之適」的表現。但要「忘適之適」，也必然要先體會「適」，也就是心靈的修養實踐達到這樣的境界，然後逐步習於此境，所以〈達生〉曰：「始乎適而未嘗不適者，忘適

〔註15〕見徐復觀：《中國藝術精神》，頁126。

之適也。」習於「適」，才能連「適」的感覺也忘了，完完全全融入。

就內心的修養來說，這便是完全的「虛」，也就是「心齋」：

> 回曰：「敢問心齋。」仲尼曰：「若一志，無聽之以耳而聽之以心；
> 無聽之以心而聽之以氣。耳止於聽，心止於符。氣也者，虛而待物
> 者也。唯道集虛。虛者，心齋也」（〈人間世〉）〔註16〕

「心齋」並非不可企及，由「聽之以耳」進為「聽之以心」，再進而為「聽之
以氣」，虛而待物，便是心齋體道，這也說明體道的進程。至於為何不能停於
「聽之以心」，而必得進之於「聽之以氣」？成玄英疏：「心有知覺，猶起攀
緣。」又說：「符，合也。心起緣慮，必與境合。」〔註17〕林希逸說得更明白：
「聽以耳則止於耳，而不入於心；聽以心，則外物必有與我相符合者，便是
物我對立也。」〔註18〕也就是說，聽以心，心即起攀緣，以求與外境相符合，
反造成物我的對立，不能如鏡不將不迎，應而不藏，故須聽之以氣，因氣無
感官知覺，無形無相，無思無慮，無有攀緣，一如明鏡，較心更為基本，故
氣虛而待物。但聽之以氣並非抹煞心，而是限定心，使心保持寧定不起緣慮，
而聽氣之虛而待物，能聽氣之虛而待物即是心齋。一入於心齋，則雖不限定
心，心亦無攀緣符合，此是自然的寧定，也可說是真正的寧定，此時可說心
亦得虛，與氣同一，同虛而待物。因虛，所以道自然呈顯，故說「道集虛」，
集是棲止，〔註19〕道棲止於虛，自然呈顯於虛。亦因整個修養的關鍵須落於
心上，心無緣慮，故稱心齋。〔註20〕

在心齋境界中，心氣既然同一，氣即可說是心經過高度修養所呈現的面
貌。所以徐復觀先生以為，氣實際只是心的某種狀態的比擬之詞。〔註21〕陳
鼓應先生也指出心和氣並非截然不同的兩種東西，心靈通過修養活動而達到

〔註16〕俞樾云：「聽止於耳，當作耳止於聽，傳寫誤倒也，乃申說無聽之以耳之義，
言耳之為用，止於聽而已，故無聽之以耳也。心之於符，乃申說無聽之以心
之義，言心之用，止於符而已，故無聽之以心也。」見俞樾：《諸子評議》（臺
北：世界，1973 年 5 月），頁 193。

〔註17〕見郭慶藩編，王孝魚整理：《莊子集釋》，頁 147。

〔註18〕見林希逸著，周啟成校注：《莊子盧齋口義校注》，頁 63。

〔註19〕見陳冠學：《莊子新注》（臺北：東大，1989 年 9 月），頁 203。

〔註20〕徐復觀先生說：「他（莊子）所追求的精神生活，不能在人的氣上落腳，而依
然要落在人的心上。」見徐復觀：《中國人性論史》（臺北：臺灣商務，1994
年 4 月），頁 381。

〔註21〕見徐復觀：《中國人性論史》，頁 382。

空明靈覺的境地稱爲氣。〔註22〕氣爲高度修養境界的空靈明覺之心，是心靈活動到達極純精的境地。〔註23〕

以此內心修養實踐的工夫，可知「道」必須自己親身修養才能得來，不是他人的感受，所以也就無法傳授。縱使是骨肉之親，也無法相傳。所以輪扁之子也不能得其父之道：

> 桓公讀書於堂上，輪扁斲輪於堂下，釋椎鑿而上，問桓公曰：「敢問公之所讀者，何言邪？」公曰：「聖人之言也。」曰：「聖人在乎？」公曰：「已死矣。」曰：「然則君之所讀者，古人之糟魄已夫！」桓公曰：「寡人讀書，輪人安得議乎！有說則可，無說則死！」輪扁曰：「臣也以臣之事觀之。斲輪，徐則甘而不固，疾則苦而不入，不徐不疾，得之於手而應於心，口不能言，有數存焉於其間。臣不能以喻臣之子，臣之子亦不能受之於臣，是以行年七十而老斲輪。古之人與其不可傳也死矣，然則君之所讀者，古人之糟魄已夫！」（〈天道〉）

桓公以爲聖人之言、聖人之書就完全傳達了聖人之道，但輪扁頗不以爲然，以斲輪之事爲說，在疾徐之間「有數存焉」，無法以言語說明，全憑個人經驗，只能自己「應於心」，即使是他的孩子，也無法傳授，所以說聖人之言、聖人之書無法眞正傳達聖人之道。既無法傳達聖人之道，聖人之言、聖人之書也就只能說是聖人的糟魄。蒙培元先生指出：「『眞知』就凝結在個人的實踐經驗之中，存在於具體事物之中，離開個人經驗和具體事物，無所謂一般規律。……聖人之道只能存在於聖人的實踐經驗中，而不在其著作中，只能得之於聖人之心，不能得之於聖人之言。」〔註24〕蒙先生很貼切的說解了道的實踐性。

〈天道〉且言：「世之所貴道者書也，書不過語，語有貴也。語之所貴者意也，意有所隨。意之所隨者，不可以言傳也，而世因貴言傳書。世雖貴之，我猶不足貴也，爲其貴非其貴也。」意謂意之所向，言語無法傳達，世人貴書的理由乃因書所傳達的意，但既然言語無法傳達意之所向，書亦不足貴了。〈天運〉亦言：「中無主而不止，外無正而不行。」意謂心中不自悟則道不停留，向外不能印證則道不能通行。〔註25〕也證明體道之事必得靠個人修養實

〔註22〕見陳鼓應：《老莊新論》（臺北：五南，1993年3月），頁177。
〔註23〕見陳鼓應：《莊子今註今譯修訂本》（臺北：臺灣商務，1999年11月），頁127。
〔註24〕蒙培元：《中國哲學主體思維》（北京：東方，1993年8月），頁26，頁28。
〔註25〕見陳鼓應：《莊子今註今譯修訂本》，頁398。林希逸也說：「中無主而不止，非自見自悟也，言學道者雖有所聞於外，而其中自無主，非所自得，雖欲留

踐，無法以言語說明、傳授。

　　當然體道的進程都不是容易的事，每一個進程都必須要完滿充足了才會自然而然的進入下一個歷程，刻意的追求與猜測，只會落得「大早計，見卵而求時夜，見彈而求鴞炙」（〈齊物論〉）的譏評，用現代語言來說，就是「躁進」。也因為必須親身修養實踐得「道」的境界，才能真正明白「道」的滋味，所以〈大宗師〉說「有真人而後有真知」。

二、未樹與所待的提升

　　既然修養實踐有其進程，當然就應該清楚層層進展的方式，而不能只一以混然之天人合一之境為論。討論修養的進程，可先從心知切入，因為心的作用處於關鍵地位，有心便有知，〔註26〕人又必得生活，生活中必得用知，如此，知識上的瞭解是首先需要的，因為有了知識上的理解，才能有行為上的判斷，然後用種種工夫，才能有所成就。〔註27〕〈大宗師〉說：

　　　　知天之所為，知人之所為者，至矣！

這可說是〈大宗師〉的要旨，意謂真正的「知」，必須真知天之所為，即是知個人生命之天與萬物自然變化不止的道理，也知人之所為，如此才能好好行於世，若知天而不知人，則無法與世俗處；若知人而不知天，則不能上與造物者遊。故說兼知天、人之所為，才能真正的「心行合一」，也才能真正的「天人合一」，達於極致。〔註28〕又人之所為實包含各種知性與感性的表現，這些都不能悍然否定，也必須加以瞭解，才能真正勘破而不會被鐃心、迷惑，行止得以依順大化。所以荀子〈解蔽〉批評莊子「蔽於天而不知人」是不對的。〔註29〕

〔註26〕見徐復觀：《中國人性論史》，頁380。徐復觀先生又說：「莊子若承認了心，則知為心的特性，莊子也不能一往的反知。」頁382。

〔註27〕唐君毅先生說：「『知天之所為，知人之所為者至矣』此是說必真知天之所為，與知人之所為，而用種種工夫，方可至于成真人，非只一以混然之天人合一之境為論。只說此境，而無工夫，則不能成真人。」見唐君毅：《中國哲學原論原道篇卷一》（臺北：臺灣學生，1978年4月），頁374

〔註28〕唐君毅先生說：「莊子所謂以『所知』養『所不知』，即以人所有之知，還養其生命之原之天。知此『天生人』而『人養天』，即兼知『天所為』與『人所為』，而為知之至，知之盛。此大宗師之要旨也。」見徐復觀：《中國人性論史》，頁376

〔註29〕荀子的話，見王先謙集解：《荀子集解》（臺北：藝文，1988年6月），頁645。

之不住也。外無正者，我無所得，則何以印證於人。」見林希逸著，周啟成校注：《莊子盧齋口義校注》，頁237。

　　至於〈養生主〉云：「吾生也有涯，而知也無涯。以有涯隨無涯，殆已！已而為知者，殆而已矣！」所言之「知」，牟宗三先生說：「知是表示離其自在具足之性分而陷於無限的追逐中。此可總之曰生命之紛馳，意念之造作，意見之繳繞，與知識之葛藤。」〔註30〕牟先生對於知的認識是傾向負面的，但並一定得如此解釋。此處的知是無涯，但並沒有負面意義，也沒有正面意義，只指出人應對「知」的失當，必導致生命的危殆。〔註31〕故此則意謂：忘卻生命的有涯，而去追逐無涯的知，等於是主客易位，這原就是危險的，更何況執滯於追逐無涯的知！知原是來增進對於生命的瞭解，以得開展生命、豐富生命的，卻反讓生命葬送於其中，當然是極其危殆的。此亦可見，此處的知與「知天之所為」、「知人之所為」的知，都跟認知活動有極大關係。

　　求知既然會有危殆，以知為修養進程的工具，必然也會有危殆，危殆的產生往往是執滯於是非辨別的問題，故《莊子》對於是非的觀點就很重要，〈齊物論〉云：

> 故有儒、墨之是非，以是其所非而非其所是。欲是其所非而非其所是，則莫若以明。雖然，方生方死，方死方生；方可方不可，方不可方可；因是因非，因非因是。是以聖人不由，而照之於天，亦因是也。是亦彼也，彼亦是也。彼亦一是非，此亦一是非，果且有彼是乎哉？果且無彼是乎哉？彼是莫得其偶，謂之道樞。樞始得其環中，以應無窮。是亦一無窮，非亦一無窮也。故曰：莫若以明。

> 是以聖人和之以是非而休乎天鈞，是之謂兩行。

王叔岷先生引《淮南子》〈人間篇〉文反駁，詳見王叔岷：《莊子校詮》，頁206。

〔註30〕見牟宗三：《才性與玄理》（臺北：臺灣學生，1989年10月），頁206。另勞思光先生解「吾生也有涯」為生命之活力有限，心靈不陷於認知之追求中，則可以保全其活力而作觀賞也。「知也無涯」指認知活動中之無限追求言，蓋知識永不完整，故追求永無止境；此種無限追求乃以形逐影也，故知認知之追求傷生無益。勞先生對於知的認識亦傾向負面，「保全其活力而作觀賞」之言，乃其以為「莊子主體之主宰性，只顯於一種欣趣玩賞上」，是「情意我」，非「主體自由之完成」。見勞思光：《新編中國哲學史一》（臺北：三民，1987年10月），頁279～280。此論與本文觀點不同，僅列於此。

〔註31〕周策縱先生說：「莊子在此只告訴人不可儘『隨』無盡的外在知識，使內心失主；再則不可求盡。」又說：「〈養生主〉並不反對求知，他真正反對的是『已而為知』，即是把知識當作『有涯』一般去追求，以為可求到終點。殊不知求到終點是不可能的。」見周策縱：《〈莊子‧養生主〉篇本義復原》，《中國文哲研究集刊》，第2期，1992年3月，頁23。

儒、墨的是非之爭起於其對事物認知的不同，但是非本身原就無絕對性，只在一定限制、認知、情境下才呈現其肯定與否定，若執滯於各自的認知而生是非，如此以往，則是非無窮，故莊子強調「明」，以泯除各自的執滯而還歸於自然之天理。林希逸說：「明者，天理也。」〔註 32〕王先謙說：「莫若以明者，言莫若即以本然之明照之。」又說：「惟本明之照，可以應無窮。此言有彼此而是非生，非以明不能見道。」〔註 33〕故知「莫若以明」，即是對於是非等相對性的問題不著於成見，易地而觀，亦即以虛靜之心觀照剖析，以瞭解真實的情形，〔註 34〕而還歸於自然之道，如此，則無是非對立，故稱莫得其偶，也就是道樞，道樞如環中，無是非對立，故回歸道樞才能應是非之無窮。

若執滯於是非中，則各自有各自的是非道理，不斷推求下去，誰是誰非也難於斷定，反而紛紛擾擾不得平息，〈齊物論〉且云：

> 既使我與若辯矣，若勝我，我不若勝，若果是也，我果非也邪？我勝若，若不吾勝，我果是也，而果非也邪？其或是也，其或非也邪？其俱是也，其俱非也邪？我與若不能相知也，則人固受黮闇，吾誰使正之？使同乎若者正之？既與若同矣，惡能正之！使同乎我者正之？既同乎我矣，惡能正之！使異乎我與若者正之？既異乎我與若矣，惡能正之！使同乎我與若者正之？既同乎我與若矣，惡能正之！

即使辯論中獲勝的一方，也不能確定是真正的是，如此，失敗的一方，也就不能確定是真正的非。若請人來評定、調解，此人的立場也已表明他的是非傾向，又豈能判斷是非？如此推求下去，果然是紛紛擾擾不得平息，所以莊子不採取是非的判準方式。

既然莊子不採取是非的判準方式，一旦瞭解其真實情形，當然就需歸之於自然之天理，此時莊子採用的方式即是「兩行」，王先謙說：「聖人和通是非，共休息於自然均平之地，物與我各得其所。」〔註 35〕意謂使物、我皆各

〔註 32〕見林希逸著，周啓成校注：《莊子鬳齋口義校注》，頁 23。

〔註 33〕見王先謙：《莊子集解》（臺北：漢京，1988 年 12 月），頁 14，頁 15。

〔註 34〕王叔岷先生說：「易地而觀（此語本馬其昶故），則不執著己見矣，所謂明也。」參見王叔岷：《莊子校詮》（臺北：中央研究院歷史語言研究所，1994 年 4 月），頁 58。另勞思光先生說：「莊子認爲儒墨各囿於成見。而欲破除彼等之成見，則唯有以虛靜之心觀照。」見勞思光：《新編中國哲學史一》，頁 268。陳鼓應先生引伸爲「去除自我中心的封閉而排他的成見。」見陳鼓應：《莊子今註今譯》（臺北：臺灣商務，1989 年 5 月），頁 60。兩說亦是。

〔註 35〕見王先謙：《莊子集解》，頁 17。

自如實呈現，不論其是非相對的說法，而皆涵融於道。〈齊物論〉且說：「故
為是舉莛與楹，厲與西施，恢詭憰怪，道通為一。……凡物無成與毀，復通
為一。」莛與楹，厲與西施，是小大、美醜對言，皆由道通為一，由道泯除
其相對，成毀亦如是。〈天地〉且言：「通於一而萬事畢。」則意謂不僅是非、
大小、美醜、成毀，只要是相對性的說法，皆讓它如實呈現，各得其所，由
道通為一，歸之於自然之天理。

　　兩行的觀念雖然取消了是非等對立性，但事實上很容易讓人誤以為對所
有事物皆完全肯定，但這仍是落在是非層次上，尚未脫離是非的束縛。也就
是說，在實踐修養過程中，其實還有個更微細的問題需要解決，就是如何消
解可能完全肯定的狀態。〈逍遙遊〉提出「猶有未樹」的觀念來談這問題：

> 夫知效一官，行比一鄉，德合一君，而徵一國者，其自視也亦若此
> 矣。而宋榮子猶然笑之。且舉世而譽之而不加勸，舉世而非之而不
> 加沮，定乎內外之分，辯乎榮辱之境，斯已矣。彼其於世，未數數
> 然也。雖然，猶有未樹也。夫列子御風而行，泠然善也，旬有五日
> 而反。彼於致福者，未數數然也。此雖免乎行，猶有所待者也。若
> 夫乘天地之正，而御六氣之辯，以遊無窮者，彼且惡乎待哉！故曰：
> 至人無己，神人無功，聖人無名。

此將人的德行修養分為四層。此將人的德行修養分為四層。第一層是「知效
一官，行比一鄉，德合一君，而徵一國者」，他們就猶如學鳩、斥鴳這一類小
鳥一樣，囿於一隅而沾沾自喜，將當下世俗的聲譽、成就作為個人生命的價
值，以為這就是生命的一切，一旦不受世俗肯定，即落寞寡歡，沒有深遠廣
大、規模宏闊的志慮，所知極為局限、不足。

　　第二層的修養如宋榮子，他的修養比「知效一官，行比一鄉，德合一君，
而徵一國者」高出許多，堅毅、沈穩，不受一般人眼光、評價所左右，達到
「定乎內外之分，辯乎榮辱之境」的地步，但這「只做到內外隔絕，使外界
的毀譽不入於心」，「尚沒有在心上做工夫」，〔註36〕也尚不能消除內外的隔
閡，不能消除榮辱之想，故仍為榮辱名聲所侷限，所以仍然笑第一層的人，
而笑，也顯示出宋榮子的自是自滿、主觀別異，因而自我侷限，在修養境界
上不能有更大的進展。劉武說：「定內外，辨榮辱，是尚有物我榮辱之見存，
猶未能脫然無累，卓然自樹也。且定內外之分，未能無己也；辨榮辱之境，

〔註36〕見吳怡：《新譯莊子內篇解義》（臺北：三民，2004 年 1 月），頁 30。

未能無功與名也。未能無己、無功與名，心亦何能逍遙乎？」〔註37〕嚴復說：「斥鴳者，以小笑大者也；宋榮子者，以大笑小者也。皆不知逍遙遊之旨也。」〔註38〕意謂真正逍遙的人安於彼、我之異，沒有榮辱之分，不會訕笑異於己者，不會自是，亦即無己、無功、無名。宋榮子雖然對世俗聲譽無汲汲營營之心，卻猶有我見、榮辱功名之見，故《莊子》批評宋榮子「猶有未樹」，猶有不足，劉辰翁說：「未樹，猶有所倚也。」〔註39〕猶有所倚即猶有所待，可見猶有未樹的意思同於猶有所待，有所待，則猶有不足。

這裡應當突顯「猶有未樹」的意義。猶有未樹，不僅不是一般的肯定、否定態度，也不是轉換思考角度，更不以是非論證的方式解決修養功夫進程中層層開展的問題，而是以尚有不足，尚有可以開拓、進展的空間，提供一個視野更加宏闊，體驗更加精妙，更可以不斷發展的世界，永遠有進展的世界。這可說是《莊子》提供修養進程中層層開展的重要觀點，不當小覷。若不從此角度開展，將可能落入兩大無法解決的問題裡，一是落入是非論證的泥沼中，是其所是，非其所非，無法超拔。一是可能落入個人經驗侷限之中，自滿自是，或者畏懼，而對事物做出錯誤的判讀，失去進展的機會，一如〈逍遙遊〉中連叔批評肩吾之語：「瞽者無以與乎文章之觀，聾者無以與乎鐘鼓之聲。豈唯形骸有聾盲哉？夫知亦有之。」「知」的聾盲，將使個人失卻許多開展的機會。

第三層如列子，修養更高，已泯除內外之分，絕除榮辱之想，且不會如同世俗之人汲汲營營地求福、求全，〔註40〕但卻須待風才能遊，顯然仍有待於外物，有所待即有所拘束，精神尚不能自由逍遙，故說猶有所待，尚有可以發展的空間。劉武說：「此喻列子尚不能如至人之無己。蓋福者，一己免乎行，御風泠然而善之福也。列子猶待風而行，是未能捨己之福，即未能無己也，特不汲汲求此福而已。」〔註41〕意謂列子尚執滯於我見，不能無己，雖非至人境界，但已不為功名榮辱所侷限，這是列子高於宋榮子之處。

第四層則如至人，與道、與天地的一切變化合一，無己、功、名的侷限，

〔註37〕見劉武：《莊子內篇集解補正》（臺北：漢京，1988年12月），頁12。
〔註38〕見方勇，陸永品著：《莊子詮評》（成都：巴蜀書社，1998年9月），頁15，引嚴復《莊子評點》。
〔註39〕見錢穆：《莊子纂箋》（臺北：東大，1993年1月），頁3，引劉辰翁為注。
〔註40〕吳怡認為「未數數」是不多見之意，意謂列子的境界在追求福樂的人中，亦不多見。見吳怡：《新譯莊子內篇解義》，頁30。此說可供參考。
〔註41〕見劉武：《莊子內篇集解補正》，頁13～14。

遊於無窮，因爲道的變化無窮無盡，至人的心靈與道合一，也就與道變化無窮，達於無所待之境，這才是眞正的逍遙。「乘天地之正，而御六氣之辯」，意謂依順自然大化之正、變，但其實自然大化無所謂正、變，正、變同屬於自然大化，〔註42〕這只是以排比句型增添行文的氣勢。

完全肯定就表示沒有疏失了，也就失去更大的開展。「兩行」與「明」雖然也是歸於道，但〈逍遙遊〉此則分立四層不斷進展的境界，使修養實踐功夫、進程益形顯豁，使至人的境界更清晰明白。從「猶有未樹」、「猶有所待」中，可發現修養實踐其實更強調不斷開拓、進展的一面，使修養實踐永無止盡，而這樣的進程，並不是以是非論證的方式來進步，而是直接創造一個更寬廣的視野、更宏闊的空間、更精妙圓融的境界，希冀個人不要自滿自是，不要主觀別異，不要偏狹侷促於經驗之中，不要執滯於現有的成就，要不斷進步。其中的修養方式，不僅不可追求表象行爲的同異以迎合世俗，亦不可僅止於「不動心」，以求毀譽不入於心，更不可執滯於我見，拘束於外物，而使精神不得逍遙，應透視行爲的內在意涵，追求無己、無功、無名的境界，以體現自然大化。

三、天籟風飄處處聞

既然生命境界可以透過修養實踐而層層進展，以達到至人的境界，遊於天地的正、變，這就說明實踐修養不僅止於個人的主觀境界，而當有更深沈、更開闊的意義：

> 天地與我並生，而萬物與我爲一。（〈齊物論〉）
>
> 道惡乎往而不存？（〈齊物論〉）
>
> 東郭子問於莊子曰：「所謂道，惡乎在？」莊子曰：「無所不在。」東郭子曰：「期而後可。」莊子曰：「在螻蟻。」曰：「何其下邪？」曰：「在稊稗。」曰：「何其愈下邪？」曰：「在瓦甓。」曰：「何其愈甚邪？」曰：「在屎溺。」東郭子不應。莊子曰：「夫子之問也，固不及質。正獲之問於監市履狶也，每下愈況。汝唯莫必，無乎逃物。」（〈知北遊〉）

〔註42〕陳冠學先生說：「『自然』是包含『正』與『變』的，單以『正』解『自然』，或以『自然』解『正』是不相應的。」見陳冠學：《莊子新注》（臺北：東大，1989 年 9 月），頁 44。

體道者與天地並生，與萬物爲一，王叔岷先生說：「忘生則無時而非生，故天地與我並生。忘我則無往而非我，故萬物與我爲一。」〔註43〕當人忘生死、物我，不再被生死、物我繫著，反而得以超越生死、物我，時時皆有實在的生之感，時時皆有一己精神的呈現，見萬物之時，於其中見一己精神的呈現，亦感受物之精神呈現於我的精神中，物、我相互涵融，即與道相應，故說萬物與我爲一。「道通爲一」（〈齊物論〉），「若夫人者，目擊而道存矣。」（〈田子方〉）皆是此意。這也可以說「至人是以至大的世界爲其世界的一種人」，〔註44〕至人的精神與天地一樣寬大，與萬物爲一。

　　就因爲如此，「道惡乎往而不存？」就意謂天地萬物都是道的展現，所以說道「無所不在」，因此人也是道的展現，不只是人，天地間的所有事物也都是道的展現，螻蟻、稊稗、屎溺也是萬物之一，當然也是道的展現。一旦離開了天地萬物，道就失去展現的場所，也就沒有了意義，成爲一個觀念遊戲。東郭子不明此理，必欲指名道之所在，而不知道之無逃乎物，〔註45〕所以莊子說東郭子之問，不及道的本質。「正獲之問於監市履狶也，每下愈況」，是非常重要的比喻，成玄英疏：「履踐豕之股腳之間，難肥之處，愈知豕之肥瘦之意況也。何者？近下難肥之處有肉，足知易肥之處足脂。亦猶屎溺卑下之處有道，則明清虛之地皆遍也。」〔註46〕意謂越卑下之處亦呈顯道，則其餘清虛美勝之地必然也呈顯道，換言之，越卑下之處亦呈顯道，就越清楚指明道無所不在的特性，故莊子的回答，就愈往卑下之處指，期使東郭子明白道眞的是無所不在，唯東郭子不明白。

　　從道無所不在的觀點，可以回頭來解釋〈齊物論〉「天籟」的意義：

　　南郭子綦隱机而坐，仰天而噓，荅焉似喪其耦。顏成子游立侍乎前，曰：「何居乎？形固可使如槁木，而心固可使如死灰乎？今之隱机者，非昔之隱机者也？」子綦曰：「偃，不亦善乎，而問之也！今者吾喪我，汝知之乎？女聞人籟而未聞地籟，女聞地籟而未聞天籟夫！」子游曰：「敢問其方。」子綦曰：「夫大塊噫氣，其名爲風。

〔註43〕見王叔岷：《莊子校詮》，頁72。
〔註44〕參見福永光司著，陳冠學譯：《莊子（古代中國的存在主義）》（臺北：三民，1992年2月），頁152。
〔註45〕見錢穆：《莊子纂箋》，頁177。
〔註46〕正，官號也，則今之市令也。獲，名也。監，今屠卒也。狶，豬也。見郭慶藩編，王孝魚整理：《莊子集釋》，頁751。

是唯無作，作則萬竅怒呺。而獨不聞之翏翏乎？山林之畏佳，大木百圍之竅穴，似鼻，似口，似耳，似枅，似圈，似臼，似洼者，似污者；激者、謞者、叱者、吸者、叫者、譹者、宎者、咬者，前者唱于而隨者唱喁。泠風則小和，飄風則大和，厲風濟則眾竅為虛。而獨不見之調調，之刀刀乎？」子游曰：「地籟則眾竅是已，人籟則比竹是已，敢問天籟。」子綦曰：「夫吹萬不同，而使其自己也。咸其自取，怒者其誰邪？」

本文於此著重於說明天籟意義，故其餘僅說明重要者。所謂「喪我」，即「忘我」，亦即「忘己」，〔註47〕〈天地〉云：「忘乎物，忘乎天，其名為忘己。忘己之人，是之謂入於天。」喪我，就是入於天，與道為一。

「人籟」是比竹之類，人吹簫管發出的聲音，「地籟」是眾竅之鳴，宣穎《南華經解》云：「待風而鳴者，地籟也。」〔註48〕宣穎認為地籟是待風而鳴者，意即因風而生的萬竅之聲是地籟。至於天籟，即是「吹萬不同，而使其自己也。咸其自取，怒者其誰邪？」意謂萬竅怒號皆由自己使然，乃是各自成聲，並非由他物造成。王叔岷先生說：「一切皆由自取，誰使之怒號邪？地籟如此，人籟之聲亦然。自不齊觀之，則有人籟、地籟、天籟之別，自其齊觀之，則人籟、地籟皆天籟也。」〔註49〕陳啟天先生說：「子綦所謂天籟，即自然之聲也。人籟與地籟，亦皆自然之聲也。人能忘我，則知凡吹皆自然之聲。不能忘我，則不解聲之自然而然。」〔註50〕意謂若人能忘我，則人籟、地籟、天籟三者為一、均齊，皆是自然之聲，皆是天籟，若人不能忘我，則三者皆不同，亦無法體會天籟究竟為何。

就上述而論，「天籟」即涵融所有聲音的演變，也就是說天籟是地籟，也是人籟，以及無聲（無聲也是一種聲音），各種聲音的表現，因為人自生分別而有分別，若人無分別之心，則這一切都是天籟，縱使無風無聲之時，也仍彰顯與完成其自身。也就是說，「天籟」即是喪我、忘我，即是道，涵融所有的聲音及其演變，能達至喪我、忘我的境界，就能得聞天籟，能體會道無所不在，任何事物、情境皆彰顯其意義，而自己也正彰顯道的意義。

〔註47〕見王叔岷：《莊子校詮》，頁 42。
〔註48〕見宣穎：《莊子南華經解》（臺北：廣文，1978 年 7 月），卷一。
〔註49〕見王叔岷：《莊子校詮》，頁 48。
〔註50〕見陳啟天：《莊子淺說》（臺北：臺灣中華，1986 年 8 月），頁 16。

四、應化解物的瀟灑風采

　　從天籟的意義，可以推論道涵融天地萬物的一切變化，而變化是無時無刻無地不進行的，能與道冥合，也就與道、與天地萬物一同變化，也一同享受這一切變化。從此處，可以進一步討論道的兩個性質：無止盡性與不可測性。

（一）無止盡性

　　道涵融了一切自然變化，但自然大化從何發展而來？是否會結束？過去、未來與現在的關係又為何？或者說探知這些問題的意義何在？〈齊物論〉對此提出了探討：

> 有始也者，有未始有始也者，有未始有夫未始有始也者。有有也者，有無也者，有未始有無也者，有未始有夫未始有無也者。俄而有無矣，而未知有無之果孰有孰無也。今我則已有謂矣，而未知吾所謂之其果有謂乎？其果無謂乎？夫天下莫大於秋豪之末，而大山為小；莫壽於殤子，而彭祖為夭。天地與我並生，而萬物與我為一。

從語言、名詞等知識性的對立差別性來看，知識性的對立差別可以推測不斷，有比「有始」更早，有比「未始有始」更早，當然就有比「未始有夫未始有始」更早的，莊子只是推測到此，因為語言的推測是無窮無盡的。「有始」之類的推測是如此，「有有」之類的推測也是如此，於是就可知道這是人在知識上給予一個名詞以為代表，故〈則陽〉云：「道之為名，所假而行。」這些都是人為刻意假稱的，「道」的稱呼也是如此，並不能真實代表大化的意義。

　　往前推論是如此，對於現在的推論亦是如此，所謂的「有無」、「有謂」，在反面思索下都不再那麼肯定。有無，果真是「有」，果真是「無」嗎？還是也只是人對於此現象的假稱？有謂，果真是有謂，果真是無謂嗎？由反面來思考、推衍，還可以發現習常觀念下的大小、壽夭，其實都可能與自然大化相反。

　　但《莊子》這裡的反面推論，並非認為現象與真實一定相反，而是要打破現象的執滯、人為假稱的觀念，使心靈得以釋放而逍遙，以涵融天地間的一切。也就是說，是否有個最初的起始，它又如何發展至今，且這發展是否會結束，都不是最重要的課題，因為窮究無極，且也可能只是人的假稱。而肯定當下生命、不執滯於現象，反倒包容了所有的可能，在這樣的境界下，天地萬物與個人生命就會統合起來，故說「天地與我並生，而萬物與我為一」，當生命與天地萬物相涵融統合，當下生命也就涵融了過去、現在、未來，過

去、現在、未來的意義也能平等一致，意即生命的發展無止盡。

同樣的在〈齊物論〉末又藉寓言說明相同的道理：

> 罔兩問景曰：「曩子行，今子止；曩子坐，今子起。何其無特操與？」
> 景曰：「吾有待而然者邪？吾所待又有待而然者邪？吾待蛇蚹蜩翼
> 邪？惡識所以然？惡識所以不然？」

「有待而然」的推測也如「有始」、「有有」、「有無」、「有謂」的推論，是一種知識性的對立差別性判斷。有待而然，則又引發所待又有待而然，一步步的推測也就無止盡，若真要破除這些推測，只能完全肯定現在，現在即涵融過去，也涵融未來，不做多餘的設想。如蛇蛻舊皮，蜩新出甲，皆是自然如此的，若說蛇有待於所蛻的舊皮，蜩有待於所出之甲，則舊皮、舊甲又是待於何者？不斷追究下去亦是無窮，且根本無法斷定其所由。

所以只能肯定現在，肯定了現在，也就等於肯定了一切，因為現在是過去演變而來，而未來則是現在演變所成就，一切都在現在呈現，現在涵融一切。與現在的一切變化冥合，即是與天地、與道冥合，天地萬物的變化無窮無盡，生命即與道遊而無窮無盡。而在這無窮無盡中，因不再妄意追求，不再妄生風波，生命就會寧定下來，萬物也會平靜如實呈現。〈應帝王〉也說：

> 體盡無窮，而游無朕。盡其所受乎天，而無見得，亦虛而已！至人
> 之用心若鏡，不將不迎，應而不藏，故能勝物而不傷。

當生命寧定下來，則能體會自然大化的無窮無盡，與之冥合而遊於無終始之境，故無須刻意去測知天地自然的變化，天地自然的變化自然呈現於自身，故說盡己所秉受於自然，忘其所見、所得，即是虛。亦可說至人之用心如鏡，不送不迎，不留藏、不執滯，內心寧定不妄動，故可說是心齋。勝物而不傷，意謂知物又不為物所擾動，〈天道〉曰：「聖人之靜也，非曰靜也善，故靜也；萬物無足以鐃心者，故靜也。」既然聖人的生命寧定，不被物鐃心，當然也就不會傷物，萬物都自由而平等，〔註51〕〈大宗師〉說真人：「淒然似秋，煖然似春，喜怒通四時，與物有宜而莫知其極。」也正是說明體道者的境界與道冥合，無止盡。

〔註51〕徐復觀先生的解說很正確，他說：因為是在靜的精神狀態下知物，所以知物而不為物所擾動。知物而不為物所擾動的情形，正如鏡之照物。「不將不迎」，這恰是說明知覺直觀的情景。「勝物而不傷」的勝，不是戰勝的勝；應當做平聲讀，乃是對任何物皆能（勝）作不迎不將的自由而平等的觀照之意。見徐復觀：《中國藝術精神》，頁82。

〈天下〉描述道的無止盡性，以及體道之人心靈的廣大而無窮無盡，更加明白：

> 彼其充實不可以已。上與造物者游，而下與外死生無終始者爲友。其於本也，弘大而辟，深閎而肆；其於宗也，可謂稠適而上遂矣。雖然，其應於化而解於物也，其理不竭，其來不蛻，芒乎昧乎，未之盡者。

道與天地萬物一切變化同在，無窮無盡，而這一切也是體道之人的修養實踐，體道之人「充實不可以已。上與造物者游，而下與外死生無終始者爲友」，充實飽滿，上與道遊，下亦與得道者爲友。〔註 52〕既與道遊，其本、其宗則皆同於道矣，故弘深上遂。但其非僅如此空靈超脫，其亦順應大化而通達於萬物，解決物情而不受萬物的束縛，「用無窮，來無端」，〔註 53〕言論也都從道而來，不脫離於道，沒有窮盡。〔註 54〕

「應於化而解於物」，即是體天道而用諸人事，亦皆能通達，能通達才能眞正不受物的束縛，故其用無窮，此亦是呈現道的無止盡性。〈田子方〉的寓言非常明確表現這個觀念：

> 莊子見魯哀公，哀公曰：「魯多儒士，少爲先生方者。」莊子曰：「魯少儒。」哀公曰：「舉魯國而儒服，何謂少乎？」莊子曰：「周聞之：儒者冠圜冠者，知天時，履句屨者，知地形，緩佩玦者，事至而斷。君子有其道者，未必爲其服也；爲其服者，未必知其道也。公固以爲不然，何不號於國中曰：無此道而爲此服者，其罪死！」於是哀公號之五日，而魯國無敢儒服者。獨有一丈夫儒服而立乎公門。公即召而問以國事，千轉萬變而不窮。莊子曰：「以魯國而儒者一人耳，可謂多乎？」

所修養實踐而得之道無窮無邊際，是無止盡的。這落實在生活之事上，就像魯國此丈夫敢儒服立於公門，且其應對國事，眞能千轉萬變而不窮，可見眞是能不受物（魯君命令、好儒之名與形象）束縛的人，是眞能應於化而解於物者。而其餘的人皆受制於魯君的命令，不敢儒服，若應對國事，當然不可能千轉萬變而不窮。此則雖是以儒者形象呈現，仍舊不脫寓言風貌，故可與

〔註 52〕 見王叔岷：《莊子校詮》，頁 1348：「上與道遊，下與得道之人爲友耳。」
〔註 53〕 見宣穎：《莊子南華經解》，卷六。
〔註 54〕 見林希逸著，周啓成校注：《莊子鬳齋口義校注》，頁 506。

上文「應於化而解於物也,其理不竭,其來不蛻」合而觀之,由此亦可見莊子並不是不知人事,對於人事,一樣通達無礙,一樣也展現著道的無止盡性。

從上文的討論,可以回頭說明先前的問題。自然大化的發展從何而來、是否會有結束,都是無法推究的,至少是無法從知識上推究,知識的差別性判斷只是不斷造成對立差別,永遠不得其解。從這意義來說,這些問題的探究就都不是最重要的。但若肯定了現在而又不執滯於現象,生命會擴大而涵融過去、未來,也就是說,過去、未來都呈現於現在,自然大化也呈現於現在,呈現於此一個體生命,個體生命也呈現自然大化,無所執滯,於是自然大化的發展也就無須刻意探究了。

(二)不可測性

就個體生命與自然大化的冥合來看,這是一種修養實踐的成果,但若未修養至這樣的境界,是否能加以測知?是否要先能測知道的變化,才能與道冥合?就〈齊物論〉中的一小節來看:

> 瞿鵲子問乎長梧子曰:「吾聞諸夫子,聖人不從事於務,不就利,不違害,不喜求,不緣道;無謂有謂,有謂無謂,而遊乎塵垢之外。夫子以為孟浪之言,而我以為妙道之行也。吾子以為奚若?」長梧子曰:「是黃帝之所聽熒也,而丘也何足以知之!且女亦大早計,見卵而求時夜,見彈而求鴞炙。……」

就「是黃帝之所聽熒也,而丘也何足以知之」而言,顯然長梧子是肯定瞿鵲子所聽聞的話的,也就是說,聖人不刻意務事,本身就呈現著自然大化,無所執滯,「不喜求、不緣道」,不會刻意追求,也不會攀緣大化,既不會追求攀緣,當然也就不會刻意去測知道的變化,而讓道的變化隨其自然呈現,因此自然呈現而知物。若刻意去測知、求知道的變化,反生差別心而有所執滯,不再與道冥合。

另外長梧子也批評瞿鵲子,認為他「大早計,見卵而求時夜,見彈而求鴞炙」,從他人之處聽來一段關於聖人的話,還未能真正瞭解妙道的實質意義,就在不能加以證實的情況下,斷定這是妙道之言。(當然這裡的證實必須要親身修養實踐,不是他人能傳授教導的。)就此來說,顯然長梧子認為修養的進程是不能預先猜測的,過早認定是如何,雖然說是給自己一個方向,但也等於給了自己一個框架,範圍了自己的行動。瞿鵲子未達於此境界就先猜測,顯然也已經違犯了「不喜求、不緣道」的準則。

就刻意去測知、求知而言，又會如何？〈應帝王〉有寓言：

> 南海之帝爲儵，北海之帝爲忽，中央之帝爲渾沌。儵與忽時相
> 遇於渾沌之地，渾沌待之甚善。儵與忽謀報渾沌之德，曰：「人皆
> 有七竅以視聽食息，此獨無有，嘗試鑿之。」日鑿一竅，七日而
> 渾沌死。

道不是刻意所能求得或表現的，應該讓它自然而然的發展，南海與北海之帝
爲渾沌日鑿一竅的行爲雖然不是出於惡意，但卻是出於刻意，欲使渾沌如他
人視聽食息，但反因刻意而破壞了原有的渾沌、破壞了原有的自然演變，渾
沌不再像渾沌，當然就不可能與道冥合，所以說渾沌死了。

雖說渾沌死了，但就渾沌所象徵的無爲、體道意涵，是否就不可能？是
否一旦破壞了道，就無法再體道、重回無爲之境？顯然不是如此，因爲無爲
的意義、體道的進程就代表了可以透過心靈修養，再次重現無爲、道的境界。

再者，作爲個體生命存在的體道之士，存其純然的天，更能以其意向呈
現道的變化。〈應帝王〉壺子的寓言即是如此展示：

> 明日，列子與之（季咸）見壺子。出而謂列子曰：「嘻！子之先生死
> 矣！弗活矣！不以旬數矣！吾見怪焉，見濕灰焉。」列子入，泣涕
> 沾襟以告壺子。壺子曰：「鄉吾示之以地文，萌乎不震不正。是殆見
> 吾杜德機也。嘗又與來。」明日，又與之見壺子。出而謂列子曰：「幸
> 矣子之先生遇我也！有瘳矣，全然有生矣！吾見其杜權矣。」列子
> 入，以告壺子。壺子曰：「鄉吾示之以天壤，名實不入，而機發於踵。
> 是殆見吾善者機也。嘗又與來。」明日，又與之見壺子。出而謂列
> 子曰：「子之先生不齊，吾無得而相焉。試齊，且復相之。」列子入，
> 以告壺子。壺子曰：「吾鄉示之以太沖莫勝。是殆見吾衡氣機也。……」
> 明日，又與之見壺子。立未定，自失而走。壺子曰：「追之！」列子
> 追之不及。反，以報壺子曰：「已滅矣，已失矣，吾弗及已。」壺子
> 曰：「鄉吾示之以未始出吾宗。吾與之虛而委蛇，不知其誰何，因以
> 爲弟靡，因以爲波流，故逃也。」

季咸是鄭的神巫，能知人的死生存亡、禍福壽夭，列子不明所以，故爲之心
醉，引他去相壺子。壺子爲體道之士，爲引導列子，使列子明白季咸相術不
足取，故先示季咸以地文。地文形容心境寂靜，〔註 55〕生於不動不止，有潛

〔註 55〕見陳鼓應：《莊子今註今譯修訂本》，頁 233。

滋暗長之意，正對上文「子之先生死矣」而言。〔註56〕壺子杜塞生機，故季咸見濕灰，以爲壺子弗活矣。可見季咸其實不能測知壺子的變化，不足以相壺子，更見壺子可依其意向展現道的變化。

次示之以天壤，是天地相通之容，〔註57〕生機萌發之象。名實不入，蓋謂一切不存於心。〔註58〕機發於踵，意謂生之機兆由根本中來。〔註59〕善者機，即生機、生意，〔註60〕上文壺子杜塞生機，此時示現生意萌動之象，故季咸以爲壺子有救了，但季咸自以爲是他的功勞，而不知是壺子積極示現，意欲破除季咸神話，以教列子。

再示之以太沖莫勝，太虛無朕兆之象，〔註61〕無朕兆則無定跡、變化不止，故季咸以爲不齊，不可捉摸，無得而相。「衡氣機」，是神氣平和而變化不止的機兆。此時壺子的示現已讓季咸無法測知，季咸相術神話於焉破滅，只能以「不齊」作爲無法測知的遁詞。

但壺子的示現不止於此，更進而示之以「未始出吾宗」，郭象注：「雖變化無常，而常深根冥極也。」〔註62〕是謂與道相合者，可變化無常。此即〈應帝王〉「立乎不測，而遊於無有者也」的寓意，亦即〈知北遊〉「外化而內不化」的意思，這樣的境界無所執滯，隨順應變，故季咸亦不知其如何，但見拉扱莽蕩，故自失而走也。〔註63〕此時明明白白顯示季咸不足以相壺子。

壺子的寓言，可就兩方面來看。就神巫季咸實不能相壺子而言，未能達至體道的境界，就不能測知體道者的境界，體道者與道冥合，道不可測，體道者的境界亦深不可測。道既不可測，欲求以測知道的變化而與道合，實亦不可能，故季咸能相「以道與世亢」的列子，（因列子只得「道之文」，未得道之實），卻不能相已得道之實的壺子。

就體道者的示現而言，體道者不僅止於依順大化而已，還能以其秉受於天的個體生命變化無常，且這些變化也並未離其本宗。顯然體道者的生命也因此而開展、而無窮無際，深不可測。

〔註56〕見王叔岷：《莊子校詮》，頁 292。
〔註57〕見王叔岷：《莊子校詮》，頁 293。
〔註58〕見王叔岷：《莊子校詮》，頁 294。
〔註59〕見王叔岷：《莊子校詮》，頁 294。
〔註60〕見陳鼓應：《莊子今註今譯修訂本》，頁 234。
〔註61〕見陳鼓應：《莊子今註今譯修訂本》，頁 234。
〔註62〕見郭慶藩編，王孝魚整理：《莊子集釋》，頁 304。
〔註63〕見林希逸著，周啓成校注：《莊子鬳齋口義校注》，頁 133。

第二節 至人之心的演繹

本節主要討論莊學解說上的兩個問題。首先是牟宗三先生對《莊子》的解說，牟先生以「境界形態形上學」說（以下簡稱「境界形態」說）說明《莊子》的義理型態，「境界形態」說源自於其解說《老子》時的創發，〔註64〕其解說《老子》是否精當並非本文論述範圍，但以此解說《莊子》是否精當，則可嘗試回溯《莊子》原文來討論。基於上一節的討論，這一節中關於《莊子》原文及解說就不再提出，以簡省筆墨。

再則是〈大宗師〉「夫道，有情有信」一則，這是《莊子》內篇中相當特殊的一則，認定莊子之道有實有義的論點皆從此出。但由技入道、心齋，卻都根植於個人的修養實踐，且〈則陽〉云：「道之為名，所假而行。」似乎也以為道並非實際存在的個體。筆者以為各種理論都有其價值，個人亦無淵博的學識可加以論斷，但本文既以修養論進路為主要觀點，故擬以修養實踐的觀點嘗試解說〈大宗師〉此則，使修養論的觀點更加堅實。

一、境界的再生

「境界形態」說是牟先生著名學說之一，亦有相當的影響力。本文既要討論以「境界形態」說解說《莊子》是否適切，則當先從牟先生的著作中檢視他對於「境界形態」說的直接論述：

> 道家不是從客觀存有方面講，而是從主觀心境方面講，因此屬於境界形態。〔註65〕

> 主觀上的心境修養到什麼程度所看到的一切東西都往上昇，就達到什麼程度，這就是境界，這個境界就成為主觀的意義。

> 境界形態……可以勉強界定為實踐所達至的主觀心境（心靈狀態）。
> 〔註66〕

〔註64〕 參見牟宗三：《才性與玄理》（臺北：臺灣學生，1989年10月），第五、六章。另外吳汝鈞先生指出牟先生這一思想是有一段發展的歷程，在《才性與玄理》中提出，但仍不完全確定，直至《中國哲學十九講》中才完全將老子的「道」確定是「境界形態」，主觀的實踐心境。參見吳汝鈞：〈牟宗三先生對老子之道的理解：主觀的實踐境界〉一文，見李明輝主編：《牟宗三先生與中國哲學之重建》（臺北：文津，1996：12），頁284，註9。

〔註65〕 見牟宗三：《中國哲學十九講》（臺北：臺灣學生，1991年12月），頁128。

〔註66〕 見牟宗三：《中國哲學十九講》，頁130。

以上說解相當清楚，「境界形態」就是主觀心境的修養境界，實踐的最主要處乃在個人心靈，而非客觀存有、外在事物。可以說各人的心境修養皆不相同，境界高低也就各自不同。又因是各自主觀的心境修養，所以各人所體會的境界並不能相授受，必須自己有所體會乃可得。

但是個人的心靈應該往哪個方向修養？且是以什麼樣的境界為標準？牟先生說：

> 道德經中所說的「致虛極、守靜篤」（十六章）就代表道家的工夫。〔註67〕

> 此沖虛玄德之為宗主實非「存有型」，而乃「境界型」者。蓋必本於主觀修證，（致虛守靜之修證），所證之沖虛之境界，即由此沖虛境界，而起沖虛之觀照。〔註68〕

> 這個「無」就主觀方面講是一個境界形態的「無」，那就是說，它是一個作用層上的字眼，是主觀心境上的一個作用。把這主觀心境上的一個作用視作本，進一步視作本體，這便好像它是一個客觀的實有，它好像有「實有」的意義，要成為實有層上的一個本，成為有實有層意義的本體。其實這只是一個姿態。〔註69〕

牟先生認為道家修養工夫是心靈的「致虛守靜」，是主觀心境的修證，而非執滯於外物，乃至於追逐外物。「虛」、「靜」的意義相同，指心靈空明寧靜的狀態，「極」、「篤」的意義相同，指極度、頂點。〔註70〕也就是說，「致虛」、「守靜」的工夫必須達於極至，達於極至才能起沖虛之境界，也才能起沖虛之觀照，有充虛之玄德。也就是說，實踐工夫能達於「虛極」、「靜篤」，也就是體道，道實際上就是一種「虛極」、「靜篤」的心靈境界。如此可說，道不是外在的，不與心對立，道內化於人的心靈境界中，透過「致虛」、「守靜」以至於極、篤的實踐工夫，人就能體道。換言之，人能體道，體道的人才是真正實踐道的主體，這由主觀修證之心境而起，並非是客觀的實有本體，所以說客觀的實有僅「只是一個姿態」，「是主觀心境上的一個作用」。

〔註67〕見牟宗三：《中國哲學十九講》，頁122。
〔註68〕見牟宗三：《才性與玄理》，頁141。
〔註69〕見牟宗三：《中國哲學十九講》，頁127。
〔註70〕見陳鼓應：《老子今註今譯及評介（二次修訂本）》（臺北：臺灣商務，1997年7月），頁111。

　　「致虛守靜」要達於極至，也就是達到「無」的境界，才是體道，體道才是心靈修養的標準，而這也是「境界形態」的標準，不能達於此標準者，皆屬至德未樹，落入物我相對立的情境。而且更要注意的是，體道必須透過一步步的工夫修養才能完成，「致虛」要到「極」，「守靜」要到「篤」，是需要一步步完成的，不是郭象簡單的一句「放於自得之場」就可以的。〔註71〕

　　但從「由此沖虛境界，而起沖虛之觀照」，可知牟先生又以為沖虛玄德乃僅止於「觀照」，意即「虛極」、「靜篤」的沖虛玄德缺乏積極面的行為，這當牟先生解釋「不生之生」時，就更清楚地呈現：

>　　儒家就是創生，中庸說「天地之道可一言而盡也：其為物不貳，則其生物不測。」那個道就是創生萬物，有積極的創生作用。道家的道嚴格講沒有這個意思，所以結果是不生之生，就成了境界形態，境界形態的關鍵就寄託於此。……（道家）至多籠統地說它能負責物的存在，即使物實現。〔註72〕

>　　何謂不生之生？這是消極地表示生之作用，……在道家生之活動的實說是物自己生自己長。……王弼注曰「不禁其性，不塞其源」。〔註73〕

>　　不生之生……就是說讓開一步，「不塞其源，不禁其性」，萬物自己自然會生，會成長，會成就。〔註74〕

>　　道家只能籠統地說實現原理，不好把它特殊化，說成創造，因此道家是徹底的境界形態。……由不生之生才能說境界形態，假定實是生就成了實有形態。〔註75〕

牟先生認為道家的「創生」意義，是不生之生，也就是讓萬物自己生自己長，如王弼的注，「不禁其性，不塞其源」，這是一種消極的創生，是一種實現原理。實際來說，「致虛極、守靜篤」所實踐的「道」，只是讓萬物自己生自己長，沒有創生，沒有創造，又因為讓開一步，所以也沒有了干涉，只能說是一種實現原理，如此才能說是「境界形態」。所以牟先生強調：「道家之功化

〔註71〕　郭象之言見於其〈逍遙遊〉注，本文已於第二章第一節中釋論，此不贅述。
　　　　　至於牟先生對於郭象逍遙義的贊成，非本文重心，故暫不討論。
〔註72〕　見牟宗三：《中國哲學十九講》，頁104。
〔註73〕　見牟宗三：《中國哲學十九講》，頁106。
〔註74〕　見牟宗三：《中國哲學十九講》，頁145。
〔註75〕　見牟宗三：《中國哲學十九講》，頁105。

為道化之治，道化之治重視消極意義之『去礙』。在『去礙』之下，功化即是觀照，觀照即是功化。觀照開藝術境界，功化顯渾化之道術。」〔註 76〕也就是說，牟先生以為道家之功化僅止於消極的去礙、觀照，而去礙、觀照都是個人主觀心境的修養境界，也就是說，去礙、觀照沒有積極開拓的意義。

但如此詮釋《莊子》似乎有所不足，試從幾個角度來看。首先，是「道」的積極性被消除了。上一節裡討論了壺子對於列子、季咸的示現，說明了體道者不僅止於依順大化而已，還能以其秉受於天的個體生命積極示現、變化無常，且這些示現、變化也並未離其本宗、離其虛靜。可知體道者的生命能積極開展而無窮無際，深不可測，既然體道者與道相合，上文也指出體道的人才是真正實踐道的主體，於是也就可以說「道」也有其積極面。這樣的「道」不僅止於消極的「不禁其性，不塞其源」，更有其積極開拓的意義，這是牟先生「境界形態」說裡所缺乏的。

第二，再深入來看，現實生活中人也必須生活，也必須做事，所以是不可能事事皆讓開一步，對「物」完全沒有干涉，讓物自己生自己長的。生活中必然會與「物」相接觸，與物相接觸的過程中，就會有所干涉，就算是體道之人也不能免除，因為體道之人並非將道特殊化，他也在道的展現中，更是實踐道的主體。如果一定要將「境界形態」說成不生之生，對物皆讓開一步，沒有干涉，顯然道就無法落實，因為道不僅內化於體道者的心靈境界，也在體道者的行為中示現，一旦體道者無法實踐道，無法將道落實在生活中，就表示道是不能落實的。若道不能落實，體不體道就都無關緊要，整部《莊子》的體道實踐亦無意義。換句話說，體道者不僅是心境虛靜，其行事亦將如〈德充符〉「與物為春」，〈大宗師〉「與物有宜」，〈天地〉「與物皆昌」，而非事事皆讓開一步，「不禁其性，不塞其源」的消極形態，牟先生的「境界形態」說於此顯然不足。

且〈天地〉載華封人示堯的寓言，當華封人祝堯富、多男子時，堯以為富則多事、多男子則多懼，故不敢受，華封人則示之曰：「天生萬民，必授之職，多男子而授之職，則何懼之有！富而使人分之，則何事之有！」就「多男子而授之職」、「富而使人分之」來說，體道者也不僅止於消極的去礙、觀照，面對事物，也能將之調理適當，與堯對比下，更顯其積極開拓的意義，也就是說，道有其積極的開拓意義。

_____

〔註76〕見牟宗三：《才性與玄理》，頁 183～184。

於是「境界形態」對於行爲的解釋就應當有所修正，茲以「無爲」說明，〈天運〉云：「逍遙，無爲也。」福永光司解釋說：正如所謂「無爲」也不是說的什麼都不做，只一味不動地歪在床上，而乃是說的不做有作爲的行爲，不做發于人我意識，人我分別的行爲；不做矯揉造作的舉止，挾帶邪念的舉動；總之，不勉強不背理。〔註77〕換句話說，逍遙無爲不是消極的退讓，而是以積極自覺的修養體證透顯自我的眞實生命，「與物有宜」、「與物爲春」、「與物皆昌」，甚至於是〈田子方〉中「事至而斷」、「千轉萬變而不窮」。〔註78〕

二、有情有信的修養

《莊子》之道的修養實踐意味相當濃厚，這是學者們多所肯定的。鍾泰說：「道者，虛名也，惟實證者得而有之，故曰『有眞人而後有眞知』。」〔註79〕唐君毅先生認爲：「莊子之道的根本，要在化人之心知爲神明，以往向于天地萬物的轉易變化，即更游心於其中，亦更超越於其外，昭臨於其上，以成神明之無所不往，見『天地與我並生，萬物與我爲一』。」〔註80〕可知道由實踐修養的工夫開顯，不僅止於一種觀念性實體。但劉笑敢先生認爲《莊子》之道只是觀

〔註77〕見福永光司著，陳冠學譯：《莊子（古代中國的存在主義）》，頁145～146。
〔註78〕討論境界形態尚可討論其中作用層與實有層的關係。牟先生以爲道家完全偏到作用層一面，沒有實有層上的本。核以上文，上文曾說實有層意義的本體其實只是一個姿態，也以爲境界形態乃是實踐所達至的主觀心境，修養到什麼程度，所看到的一切東西就達到什麼程度。因此可知，牟先生實以爲道家乃以作用層涵融實有層，其所謂「作用層與實有層相混，沒有分開」（《中國哲學十九講》，頁135）、「作用與實有不分」（《中國哲學十九講》，頁131），實亦此意，「作用所顯的境界就是天地萬物的本體」（《中國哲學十九講》，頁131），亦是此意。然其指「作用所顯的境界就是天地萬物的本體」，似乎落入作用層的執滯中。觀〈知北遊〉東郭子問道一則，莊子回答道「無所不在」，意謂天地萬物都是道的展現，一旦離開了天地萬物，道就失去展現的場所，也沒有了意義，成爲一個觀念遊戲。故莊子的回答，每下愈況，越往卑下處說就越清楚指明道無所不在的特性。但東郭子不明此理，不知道「無乎逃物」。也就是說，天地萬物即是道，作用層即實有層，沒有分別，〈則陽〉云：「道不可有，有不可無。道之爲名，所假而行。」意謂道不可執滯於有形，也不可執滯於無象，（陳鼓應：《莊子今註今譯修訂本》，頁717）道之爲名，只是假稱而已。換句話說，將《莊子》之道歸之於作用層或實有層都是執滯，歸之於中間也是執滯，都是一種分別，因爲道無所分別，只是自然的運行、呈現。
〔註79〕見鍾泰：《中國哲學史》（臺北：臺灣商務，1987年7月），台8版，頁43。
〔註80〕見唐君毅：《中國哲學原論原道篇卷一》（臺北：臺灣學生，1978年4月），頁285。

念性實體，是實有義，且論述多集中於下文〈大宗師〉一則。〔註81〕本文不擬予以駁斥，僅論述此則的修養實踐意義，使修養論能更加貫通。另諸家認同《莊子》之道為實有義者，亦多集中於下列三則，下文將一併加以分析：

（一）夫道，有情有信，無為無形；可傳而不可受，可得而不可見；
自本自根，未有天地，自古以固存；神鬼神帝，生天生地；
在太極之先而不為高，在六極之下而不為深，先天地生而不
為久，長於上古而不為老。（〈大宗師〉）

（二）泰初有無，無有無名；一之所起，有一而未形。物得以生，
謂之德；未形者有分，且然無間，謂之命；留動而生物，物
成生理，謂之形；形體保神，各有儀則，謂之性。性修反德，
德至同於初。（〈天地〉）

（三）夫明白於天地之德者，此之謂大本大宗，與天和者也；所以
均調天下，與人和者也。與人和者，謂之人樂；與天和者，
謂之天樂。莊子曰：「吾師乎，吾師乎！䪡萬物而不為戾，澤
及萬世而不為仁，長於上古而不為壽，覆載天地、刻雕眾形
而不為巧。」此之謂天樂。故曰：『知天樂者，其生也天行，
其死也物化。』」（〈天道〉）

第三則比較容易明白，「吾師乎」一小節已出現於〈大宗師〉。明白天地之德者，就是體道者，體道者與自然大化冥合，知天樂，故不論是生、是死，都與天地萬物同化。與大化冥合、知天樂，故明白大化之德，䪡萬物、澤及萬世、長於上古、覆載天地、刻雕眾形皆是大化的自然演變，無所刻意。故知「䪡萬物而不為戾，澤及萬世而不為仁，長於上古而不為壽，覆載天地、刻雕眾形而不為巧」的天樂，仍是指一種修養體驗的心境。

　　至於第一、二則就比較不容易說明，也正是楊儒賓先生指出莊子之「道」有實體意義之處。〔註82〕尤其是第一則，內篇中僅只有這一則看似「道」有

〔註81〕劉笑敢先生說：道大致上有兩個基本含義。一是指世界的本原，這是道的實
體意義。……「有情有信」說明道是實而不妄的。「自本自根」說明道不是派
生的。「生天生地」說明道是天地萬物的起源。道自為本根，也是天地萬物之
本根。……道能「神鬼神帝」，王先謙云：「其神，皆道神之。」即是說道使
鬼神，使帝神。道比鬼神更根本，是鬼神之神靈的依據。……道「無為無形」，
說明道沒有感情和意志。……道又「不可受」「不可見」，是神祕而不可感知
的。見劉笑敢：《莊子哲學及其演變》，頁102～110。

〔註82〕楊儒賓先生說：「道具足創生的功能：道『生天生地，神鬼神帝』『物得以生

實有義，傅偉勳先生直指其爲一時浮泛之辭，無詮釋學的優位，所以不予重視，也未加以解釋，〔註83〕本文則試以修養實踐的進路爲之疏解。

「夫道，有情有信」，林希逸說：「情，實也，信亦實也。」〔註84〕上文說道涵融天地萬物所有的演變，也是至人的修養實踐，當然是眞眞實實的，故說至人的心靈明白天地之德，與天地至道同大同在。

「無爲無形」，是說道的展現，天地大化的演變是自然而然的，沒有妄爲的形跡，也無固定的形貌，至人也體驗無爲逍遙，積極而自然的修養實踐，沒有妄意的作爲、形跡。

「可傳而不可受，可得而不可見」，成玄英疏：「寄言詮理，可傳也。體非量數，不可受也。方寸獨悟，可得也。離於形色，不可見也。」〔註85〕也就是說，可以藉著語言文字傳述這樣的道理，但其精神的體會實踐與否卻是個人的事，無法持之與人，亦無法教授，與一般有固定形貌之物的授受方式不同。這樣的精神是可以依體會實踐而得，但卻不能眼見，〈知北遊〉也說「道不可聞，聞而非也；道不可見，見而非也；道不可言，言而非也」。這正是〈天道〉篇輪扁所言：「得之於手而應於心，口不能言，有數存焉於其間。臣不能以喻臣之子，臣之子亦不能受之於臣。」體會實踐，是無法相傳的，不可見的，可相傳的，可見的，只有語言文字。前人認爲道可以心傳的說法有待商榷，因爲「心」如何「傳」？心傳是依靠體會，個人的體會既無法「傳」，「心」也就無法「傳」，故說「方寸獨悟，可得也」，必無任何依恃，須獨自體會方可得。〈天運〉亦言「中無主而不止」，意謂不自悟則道亦不停留，亦可爲證。

「自本自根，未有天地，自古以固存；神鬼神帝，生天生地」，上文說大化涵融天地萬物的所有演變，這演變的一切自身就是根就是本，在有天地之前就

謂之德』。這裡所說的道顯然具備了『造物主』的條件，而不只是形式上的第一因而已。」又說：「筆者（楊儒賓）認爲道家所說的『道』可能不純粹是『境界形態』的，它也可以有『實體』的意義。」見楊儒賓：《莊周風貌》，頁39，及頁67，注釋4。

〔註83〕傅偉勳先生對於此則以爲：「莊子從未正面肯定（或否定）『眞宰』或『造物者』的存在，因而此語並無詮釋學的優位，祇能當作一時浮泛之辭。」見傅偉勳：《從西方哲學到禪佛教——「哲學與宗教」一集》（臺北：東大，1986年6月），頁412。

〔註84〕見林希逸著，周啓成校注：《莊子鬳齋口義校注》，頁109。

〔註85〕見郭慶藩編，王孝魚整理《莊子集釋》，頁247。

是如此。而這一切的演變，當然也包含了處於演變中的天地鬼神上帝。〔註 86〕上一節曾指出，當下生命的肯定而不執滯於現象，反倒包容了一切可能，涵融了天地間一切事物的演變。在這樣的境界下，天地萬物與個人生命就會統合起來，而如〈齊物論〉說「天地與我並生，而萬物與我為一」。

且再仔細想想，像「自本自根，未有天地，自古以固存；神鬼神帝，生天生地」，「泰初有無，無有無名」〔註 87〕這樣的語句，正是〈德充符〉所說的：「日夜相代乎前，而知不能規乎其始者也。」是無法加以推理、證明的，既然不能加以證明，繼續窮究下去也無意義。楊儒賓先生也提出解釋：

> 「有始」、「未始有始」、「未始有夫未始有始」或「有無」、「未始有無」、「未始有夫未始有無」等等，不是一種實體字，亦即不能當成一種具有實際指涉意義的命題，而當是一種「以語言殺語言」的表達方式。藉著這種互相抵消的方式，使學者能安居在一種逍遙無待的心境，至于這種逍遙無待的心境為何，是不需要再加以論述證成的。〔註 88〕

既然這些都屬於「以語言殺語言」的表達方式，以使人安居於逍遙無待的心境，則以修養實踐觀之亦自可明白，不一定得以實體意義來看待。

再從另一個角度切入。如果說「道」有實體意義，那「道」是誰生的？這與上一節所論〈齊物論〉「有待而然」的問題相同，有待而然，則又引發所待又有待而然，一步步推測向無止盡。也就是說，道的實體意義可從推測中得來，但也可能在同樣的推測中被推翻，因此，就不能肯定道是否真有實體意義。日本學者福永光司先生也反駁說：「然而，即令是本體生了萬物，或神造了世界，但，本體與神又是何所自造的呢？當然沒有說成人類所造之理。」〔註 89〕他又解釋〈大宗師〉中的這一段話說：

> 這道流是『自本自根』的——其存在根據即在其自身之中，是無所依存，無所受制，是亙無窮的時間亙無限的空間使自生自化的萬物

〔註 86〕章炳麟說「神」，與「生」義同，此解亦不妨上解。參見陳鼓應：《莊子今註今譯》，頁 200，引《莊子解故》之說。

〔註 87〕傅偉勳先生點讀此為「泰初有無無，有無名」，並以為原點讀完全失去原有超形上學的弔詭，沒有了解到莊子的本來用意。見傅偉勳：《從西方哲學到禪佛教——「哲學與宗教」一集》，頁 410。

〔註 88〕見楊儒賓：《莊周風貌》，頁 43。

〔註 89〕見福永光司著，陳冠學譯：《莊子（古代中國的存在主義）》，頁 116～117。

> 以萬物而在之究竟原理，是使此一世界之一切的一切——如有鬼神
> 存在則包括鬼神，如有上帝存在則亦包括上帝，更包括此一無盡延
> 展的天空，無限延續的大地——使這一切的一切如彼而在的根源理
> 法。〔註90〕

福永光司所指的根源理法、究竟原理，皆是指自本自根。就自本自根來說，存在根據即在其自身之中，包括鬼神、上帝、此一無盡延展的世界，當然也包含體道者。於是，肯定了當下，反倒包容了一切。道的自身就是這演變，也成就這演變，體道者亦然，其心境既涵融天地間一切事物的演變，其個人生命亦與天地萬物統合起來，成就「天地與我並生，而萬物與我爲一」。

「在太極之先而不爲高，在六極之下而不爲深，先天地生而不爲久，長於上古而不爲老」，其中太極、六極、天地、上古諸名詞，都是人所自造未得而詳的觀念，於是，「在太極之先、在六極之下、先天地生、長於上古」的這些語言，就成了「以語言殺語言」的表達方式而存在，以破除語言的執滯，使人能安居於逍遙無待。且道就涵融了其自身、涵融了一切演變，自身就是這演變，自然也就不會有高、深、久、老的問題，故說不爲高、深、久、老，明白天地之德者亦如是。楊儒賓先生也指出：

> 既然「無自而然」、「無造而化」，所以本身就是最終的原因，不能再
> 往上追溯了。不管追溯出來的是種自然律，或是種人格神的上帝，
> 它們都不可能是「無自而然」的「自然」。由此可見，只要道家的「自
> 然」一成立，它就一定預設著破除因果、破除外力、回歸自己的觀
> 念。〔註91〕

本身就是最終的原因，必然要破除因果、破除外力、回歸到自己。故至人乃用種種工夫，使個人生命不斷超升，以達逍遙自然之境，明白天地之德。牟宗三先生說：「主觀上的心境修養到什麼程度所看到的一切東西都往上昇，就達到什麼程度，這就是境界，這個境界就成爲主觀的意義。」〔註92〕楊先生也說：「主體的本性達到逍遙、自然的層次以後，外界事物才可以跟著一齊回歸自然。」〔註93〕二說是一樣的，由此亦可證上文所引《莊子》原文第一則

〔註90〕見福永光司著，陳冠學譯：《莊子（古代中國的存在主義）》，頁129。
〔註91〕見楊儒賓：《莊周風貌》，頁133。
〔註92〕見牟宗三：《中國哲學十九講》，頁130。
〔註93〕見楊儒賓：《莊周風貌》，頁133。

可以修養實踐觀之。

至於「泰初有無，無有無名」一則，〈齊物論〉說：「有有也者，有無也者，有未始有無也者，有未始有夫未始有無也者。俄而有無矣，而未知有無之果孰有孰無也。」很能說明語言推測的無窮無盡，且有無，果真是「有」，果真是「無」嗎？在反面思索下都不再那麼肯定，這在上一節已經說明，此處亦可歸於「以語言殺語言」之類。

於是整段話就難以解釋了，但本文則試從「性修反德，德至同於初」進行修養論進路的詮解。成玄英疏：「率此所稟之性，脩復生初之德，故至其德處，同於太初。」〔註94〕林希逸說：「脩此性以復其自然之德，德既至矣，盡矣，則與無物之初同矣。」〔註95〕二說皆可通，意謂：可修養此性以復其德而同於泰初，同於泰初則為至人、真人，〈大宗師〉說「有真人而後有真知」，〈達生〉說「遊乎萬物之所終始」，則至人、真人以此真知而明白造化之動。如此詮解的好處不但可使此則的修養論意義告於明朗，且既已同於泰初、明白造化之動，則生命精神可常保活潑而又安寧，益形客觀理論的不重要，〔註96〕也不易於一開頭的「泰初有無，無有無名」，就使生命精神落入語言推測、理論、觀念推演的無窮無盡中，落入語言觀念的執著裡，不能自拔。〔註97〕

〔註94〕見郭慶藩編，王孝魚整理《莊子集釋》，頁426。

〔註95〕見林希逸著，周啓成校注：《莊子鬳齋口義校注》，頁195。

〔註96〕楊儒賓先生說：「莊子並不特別看重理論，因此，如果從實踐的觀點來看，道的客觀性、實體性就不是那麼重要了。見楊儒賓：《莊周風貌》，42頁。

〔註97〕徐復觀先生說：「（此則）是就創造的歷程來說的。……道家從宇宙到人生，依然是奠基於合理性之上。」見徐復觀：《中國人性論史》，頁372～頁373。雖可將此則視為莊子設想泰初至於性的落實過程，但因非本文主要論點，故簡要解說於注解，茲依徐復觀、陳鼓應二先生說解如下。「一之所起，有一而未形」，一是從無到有（現象界之有）的中間狀態，尚無分別相。「物得以生，謂之德」，意謂萬物得到道而生成，便是「德」，此是未形而將形的狀態。「未形者有分，且然無間，謂之命」，雖未形但已分化粲然，猶且流行無間稱為命。「留動而生物，物成生理，謂之形」，元氣運動稍時滯留便產生了物，萬物生成具有各別樣態，就稱為形。「形體保神，各有儀則，謂之性」，形體保有精神，各有軌則，稱為性。

第三章　生活體認與工夫轉化

　　生活世界中諸多事物、情境會與人發生關係，因此體認這些事物、情境的意義，並用工夫轉化心境以面對這些事物、情境，甚至轉化這些事物、情境，就成爲修養實踐的重要內涵，因此本章將更深入討論《莊子》修養論諸觀念：生死夢覺的幻變與永恒，大戒的消解與忘的開展，知識的齊物觀，天刑與逍遙的關係，及逍遙風貌的呈現等一連串問題，以說明生活中工夫之著力與轉化。

第一節　永恒的夢

　　死生與夢覺在觀念上相互比喻，〔註1〕直接訴說生命流轉的現象，但也啓示了生命的覺醒，打破沈溺於現象的迷思，是生命反省的轉點。單獨說「死生」，或單獨說「夢覺」，都只有單向思索，不容易產生雙向反省而更加深刻的效果，而二對觀念相互比喻，變化就豐富了。

一、夢幻般的奇異生命

　　在《莊子》的世界裡，生與死、夢與覺的關係是相當有趣的：

〔註1〕　本文將夢、覺作爲觀念討論。徐聖心先生曾指出，《莊子》中，提到夢字的共有九篇十一章，其意義基本尚可分成兩類：一類，夢就是主題，夢與覺不斷重複，用以逼近「生死」那一句的意思，並以其自身意義的轉變（夢／大夢），帶出新的意義，有〈齊物論〉兩章，〈大宗師〉兩章，〈刻意〉一章（此章與〈大宗師〉其中一章重複）。另一類，夢則爲媒介，非主題，有〈人間世〉、〈至樂〉、〈田子方〉、〈外物〉、〈列禦寇〉各一章。另外，〈天運〉一章，與夢爲媒介者不盡相同，但作爲觀念的指向亦不強。見徐聖心：《莊子內篇夢字義蘊試詮》，臺大中文研究所，碩士論文，1991，頁3，頁6。

> 予惡乎知說生之非惑邪！予惡乎知惡死之非弱喪而不知歸者邪！麗
> 之姬，艾封人之子也。晉國之始得之也，涕泣沾襟；及其至於王所，
> 與王同筐床，食芻豢，而後悔其泣也。予惡乎知夫死者不悔其始之
> 蘄生乎！夢飲酒者，旦而哭泣；夢哭泣者，旦而田獵。方其夢也，
> 不知其夢也。夢之中又占其夢焉，覺而後知其夢也。且有大覺而後
> 知此其大夢也。而愚者自以為覺，竊竊然知之。……丘也與女，皆
> 夢也；予謂女夢，亦夢也。（〈齊物論〉）

這一段是作為體道之士的長梧子對瞿鵲子說的話，可以分成四個層次來看。
第一層次以一般的生死對立觀念作為基點。生，讓人覺得可以掌握一己的生
命發展，所以喜悅；死，因為不是經驗，所以令人不知而畏懼、厭惡，造成
生與死的割裂，甚至對立。但就因為不是經驗，所以這其中多了想像空間。
莊子先以麗之姬的實例作說明，真實的情況往往是種種客觀因素相互配合所
形成，這些不是人能盡知的，也不一定如個人主觀的看法，或許後續的發展
比原先自己所認定的更好。生與死的關係也可能是這樣，執著眼前情境而好
生惡死，反有礙於客觀瞭解外在因素。夢與覺的關係也是如此，在「自以為
覺」的觀念下，夢與覺就成了分割對立，而有各自主觀好惡的取捨。

　　進到第二層來看，「方其夢也，不知其夢也」，夢的當下不知道這是夢，
醒來以後才知道是夢，如此說來，生也有可能是一「大夢」，而死就是「大覺」，
這是生（「大夢」）的當下所不知道的。若在生（「大夢」）之時又做了夢，夢
中也是不知道是夢，只有夢醒之後才知道這是夢，但這仍是在生（「大夢」）
中。在這裡，加入夢與覺之後的生死關係不再是僵化的割裂對立，而有相互
含攝的可能。

　　進到第三層來看「大夢」與「大覺」的統一。在此進行另一種假設，生
也有可能是「大覺」，而死就是「大夢」，但這也是生（「大覺」）的當下所不
知的。配合第二層來看，不論是「大夢」或是「大覺」，其當下都是不知的，
這正是〈齊物論〉「聖人愚芚」的境界，而「大夢」與「大覺」又以其聖人愚
芚「不知」的相同境界、性質而相知，「大覺」即知「大夢」，「大夢」也知「大
覺」，「大覺」與「大夢」因此相知而成為一積極性統一體，「大夢」等同於「大
覺」，所以說「且有大覺而後知此其大夢也」。若「大夢」自知為「大夢」，則
必有一「大覺」與之相對，若「大覺」知有一「大夢」，亦成對立，一旦有了
對立，「大夢」與「大覺」必回頭陷入第一層割裂對立的窘境中，這即是「愚

者自以爲覺，竊竊然知之」的窘境，不得眞謂爲「大夢」或「大覺」。至此更可肯定「大夢」與「大覺」皆以不知而等同。

最後進入第四層生死夢覺的統一。由「大覺」（亦即「大夢」）反觀生死夢覺，不論「大覺」（「大夢」）是生、是死、是夢、是覺，都因「大覺」（「大夢」）當下的不知，生死夢覺的當下也都爲不知，因此「不知」而相統合，泯除割裂對立，亦即生死夢覺都等同，這是至人的境界，所以長梧子對瞿鵲子說「丘也與女，皆夢也；予謂女夢，亦夢也」，而就丘與瞿鵲子來說，雖然自以爲覺，但此是自陷於割裂對立而不明瞭，並不妨礙其在「大夢」中，故仍可說「丘也與女，皆夢也」。

綜上所論，大夢、大覺、生、死、夢、覺都統合一起，不再是割裂對立的觀念，而化成一種生命的自然流轉，其中無生死、先後的分別。既然無生死、先後的分別，自然也無說生惡死的情緒，且任生命自然流轉，成就聖人愚芚的不知境界，去經歷夢幻般的奇異生命。

二、花落蝴蝶飛

就生命的自然流轉來說，生死夢覺雖然都可等同，不再有割裂對立的迷惑。但生命的流轉，是否有一固定的模式？或者說，是否有一固定的因果關係進行演變？或者更直接說，因果關係是否對現存生命造成決定性的影響？這就必須更深入加以探討。

先就生命的流轉是否有一固定的因果關係進行演變來看，這是一個無法回答的問題，因爲這畢竟不是經驗，所以莊子回到「化」的立場面對這個問題：

> 「浸假而化予之左臂以爲雞，予因以求時夜；浸假而化予之右臂以爲彈，予因以求鴞炙；浸假而化予之尻以爲輪，以神爲馬，予因以乘之，豈更駕哉！且夫得者，時也，失者，順也；安時而處順，哀樂不能入也。此古之所謂縣解也，而不能自解者，物有結之。且夫物不勝天久矣，吾又何惡焉！」俄而子來有病，喘喘然將死，其妻子環而泣之。子犂往問之，曰：「叱！避！無怛化！」倚其戶與之語曰：「偉哉造化！又將奚以汝爲，將奚以汝適？以汝爲鼠肝乎？以汝爲蟲臂乎？」〈大宗師〉

由「無怛化」、「化予之左臂以爲雞」、「偉哉造化，又將奚以汝爲，將奚以汝

適？」來看，「化」即是「造化」的具體表現，且知生命的流轉是造化的工作，人無法確定將會流轉為何物，甚至可以說，人是由何物流轉而來都無法知道，縱使猜測，也只能說是人主觀的想像，因為無法加以證實。

　　既然生命的流轉是造化的工作，則生命流轉（人流轉為他物）的過程中，人力即無法與造化抗衡，所以說「物不勝天」。既然人力無法與造化抗衡，生命將流轉為何物就不是人能著力之處，不是人能著力之處，就不是人當關心的重點。故不論失左臂而為雞，或失右臂而得彈，甚至說所有事物的得失，得失之間都是造化的安排，都是人力無法抗衡的，若於得失之間生愛惡哀樂，顯然就是執滯於物情了。執滯於物情，生命就不能貞定，這是一體兩面的。因此，理解造化流轉以貞定現存生命就顯得重要了，因為生命貞定了才不會執滯於物情，而這也是人可以著力之處。

　　由理解造化的流轉而不執滯於物情，即是生命的貞定，如此，則面對造化的安排也能「安時處順」，這就是懸解。懸解是不會囿於得失而生哀樂之情，無哀樂之情，自能逍遙自適。若自己不能貞定一己之生命，自己解脫而安時處順，就是「物有結之」，自己執滯於外物，自己讓外物束縛住。

　　且從「化予之左臂以為雞，予因以求時夜；浸假而化予之右臂以為彈，予因以求鴞炙；浸假而化予之尻以為輪，以神為馬，予因以乘之」來看，則「安時處順」的意義尚可加以引伸，安時處順並非只順遂造化而無作為，而是可以依順造化的安排而應用之，甚至因之以發展。也就是說，安時處順不是消極的隨順，而是在大化流行下、在現實環境中尋求積極的開拓。

　　且人所能感知的只有現存生命，一切的發展亦於此呈現，故要注意的、能把握的也只有現存生命，當然現存生命就是最佳的著力點，不論過去是由何演變而來，未來又將演變為何。

　　縱使真以因果論來看，就人所能感知的部分而言，當下生命仍最為真實，能真實掌握的也只有當下生命，過去、未來皆非著力處，即使要規劃未來，也需著力於當下所有資源、所有能掌握的資訊，才不至成為空想。且過去的發展結果呈現於當下，未來則依當下的發展而呈現，可以說過去與未來完全呈現於現在，當下生命統合了過去與未來，因此，當下生命貞定了，即等於貞定全幅生命，因果問題於焉消融。

　　再以夢覺為喻呈現生命的貞定與「化」的面貌，〈齊物論〉云：

　　　　昔者莊周夢為胡蝶，栩栩然胡蝶也，自喻適志與！不知周也。俄然

覺，則蘧蘧然周也。不知周之夢爲胡蝶與，胡蝶之夢爲周與？周與
胡蝶，則必有分矣。此之謂物化。

莊周夢爲蝴蝶之時，自得快意，乃因不知此爲夢，也不知有莊周，故完完全
全以當下存在爲圓滿、適志，此爲蝴蝶生命之貞定。〔註2〕若此時蝴蝶知此爲
夢，知有莊周，或莊周知此爲夢、蝴蝶爲自己所化，則生命必有割裂對立。

　　夢有醒時，但夢醒，則又知此時實實在在爲莊周，當下生命亦得貞定，
知道在現在就安適於現在。且夢醒之後，亦得以莊周反省夢境，而夢爲過去
之事，反省中夢境呈現出來，則知道過去也呈現於現在。而前述夢爲蝴蝶之
時能安適於蝴蝶，亦知在過去就安適於過去。又反省中理解造化的安排而與
造化相契，現在即展現出未來，不僅現在的生命得以安定，生命在未來也能
安適於未來。既然過去呈現於現在，現在也展現出未來，且在那個時段又都
能安適於那個時段，因果論就不是最重要的了。

　　上文且說夢覺等同，則知蝴蝶與莊周的意義亦等同。所以不論蝴蝶夢爲
周，或周夢爲蝴蝶，其意義亦當等同。不可因此則寓言多以夢爲喻，即以爲
夢的意義高於覺。也不可因反省的意味濃厚，就認爲覺的意義高於夢。總而
言之，夢與覺乃是個積極統一體。

　　故知，物化包含「不知周之夢爲胡蝶與，胡蝶之夢爲周與？」「周與胡蝶，
則必有分矣。」兩部分。前者雖是覺對於夢的反省，但可視爲兩個不同個體
或世界在「天均」意義下的溝通，〔註3〕後者則可視爲蝴蝶與莊周的自然之分。
〔註4〕莊周與蝴蝶皆是造化，亦即自然之分是造化，若否定自然之分，即等於
否定造化，所以物化固然涵融周、蝶不知之愚芚，與物同化，但亦涵融周、
蝶的自然之分。

〔註2〕　徐復觀先生說：若莊周夢爲胡蝶而仍然知道自己本來是莊周，則必生計較、
　　　　計議之心，便很難「自喻適志」。因爲「不知周」，所以當下的胡蝶，即是他
　　　　的一切，別無可資計較計議的前境後境，自亦無所用其計較計議之心，這便
　　　　會使他「自喻適志與」。這是佛家的眞境現前，前後際斷的意境。徐復觀：《中
　　　　國藝術精神》，頁 **97**。徐先生的說法很貼切，但莊周夢爲胡蝶之時，實亦不知
　　　　是夢，若知是夢，亦必起計較計議之心。
〔註3〕　王夫之曰：「夢也，覺也，周也，蝶也，孰是而孰非？物化無成之可師，一之
　　　　於天均，而化聲奚有不齊哉？」見王夫之：《莊子通·莊子解》（臺北，里仁，
　　　　1995 年 4 月），頁 **29**。
〔註4〕　王叔岷先生說：「莊周與胡蝶，各有其自然之分。各有其自然之分，則在覺適於
　　　　覺，在夢適於夢矣。」又說：「在覺適於覺，在夢適於夢，則無所謂覺夢；然則
　　　　在生適於生，在死適於死，則無所謂生死。」見王叔岷：《莊子校詮》，頁 **96**。

綜上所論，在夢就安適於夢，在覺就安適於覺，在自然之分就安適於自然之分，就是要人不論處於什麼樣的境地就安適於什麼樣的境地，當然，生之時也能安適於生，死之時也能安適於死，如〈大宗師〉所說：「善夭善老，善始善終。」老少、生死都能安順、安適。也就是說，在造化之下，夢與覺、生與死的環境都不是個人可以選擇的，人可以著力的是當此環境下的行爲、心境，所以人當不斷修養以進於物化的境界。在物化的境界裡，雖然生死、夢覺是自然之分，但不礙生死、夢覺的愚芚，不知而實相知的生命境界，不會因相知而陷溺於物，也不會失去自然之分。此工夫、境界其實與南郭子綦經由「吾喪我」的工夫，以表現「天籟」的境界完全一致。故由莊周夢蝶，亦可進一步了解「齊物」的內容，〔註5〕甚至可說，物化的境界就是齊物的境界。如此，因果問題就不是最重要的環節，最重要的當是每一個此時此刻的貞定。

三、與造化相酬

生死與夢覺相互比喻的意義並不止於當下生命的貞定，更要開示一個廣闊的天地，這天地由當下生命的貞定進一步開展出來。當下生命貞定了，夢與覺、死與生的間隔即爲解除，過去、現在、未來種種時空的間隔也即爲消除，當下生命可以遊於無邊無際的世界，但又不會脫離現實。換句話說，當下生命貞定了，現在、當下的意義就擴大了，現在、當下即涵融任何時刻，也可以說，沒有所謂的現在、當下了，但又不失爲現在、當下，因爲時時刻刻都可說是現在、當下。

因此，「莊周夢蝶」與「眞人不夢」的矛盾，就可以加以溝通：

> 古之眞人，其寢不夢，其覺無憂。……古之眞人，不知說生，不知惡死，……儵然而往，儵然而來而已矣。不志其所始，不求其所終；受而喜之，忘而復之，是之謂不以心損道，不以人助天。是之謂眞人。(〈大宗師〉)〔註6〕

將夢覺與生死配合來看，「其寢不夢，其覺無憂」可以如此解釋：眞人爲體道之士，順自然造化而往，順自然造化而來，雖復死往生來，曾無意戀。〔註7〕

〔註5〕 見林聰舜：〈論莊子的「小大之辯」與「齊物」及其關係〉，《漢學研究》，第5卷第2期，1987年12月，頁390。

〔註6〕 「不志其所始」原作「不忘其所始」，見王叔岷：《莊子校詮》，頁211。

〔註7〕 成玄英疏：「儵然，無係貌也。儵然獨化，任理遨遊，雖復死往生來，曾無意戀之者也。」見郭慶藩編，王孝魚整理：《莊子集釋》，頁229。

既無意戀，自然無情執而生妄想好惡，隨遇而安，故寢不夢，覺無憂。即便有夢，亦因夢覺爲一積極統一體，故在夢就安適於夢，在覺就安適於覺，夢、覺都與天地萬物溝通、與造化相契。因此，夢與不夢都可以歸之於同一心境而無礙，「莊周夢蝶」與「眞人不夢」看似矛盾，實則無礙。

「不志其所始，不求其所終」，即終始變化，都忘懷了。〔註8〕既忘懷終始變化，也就無古今之別，亦無當下的執著，所以對於自然大化的安排、生命中所有的變動，都能接受下來而安適地對待，內心沒有牽掛係著，返回生命的根本，順從自然大化的安排，〔註9〕也就是「受而喜之，忘而復之」。這樣就不會「以心損道，以人助天」，不會有刻意欲求的心理、行止違害天機大化的流行。反過來說，當人自以爲覺，自以爲知之，就會產生對立割裂，係著於生死、外物，而不再與天機大化相契。若將當下變成觀念性的存在，將道變成觀念性的存在，或必欲加以指名道的所在、當下的時刻，也會產生割裂對立，不再與天機大化相契。

所以當天機自行，生死變化就都忘懷了。但因與世俗相處，該如何落實就很值得注意。莊子曾假仲尼之口向顏回宣說眞人孟孫氏的德行：

> 孟孫才，其母死，哭泣無涕，中心不戚，居喪不哀。……孟孫氏不知所以生，不知所以死；不知孰先，不知孰後；若化爲物，以待其所不知之化已乎！且方將化，惡知不化哉？方將不化，惡知已化哉？吾特與汝，其夢未始覺者邪！且彼有駭形而無損心，有旦宅而無情死。孟孫氏特覺，人哭亦哭，是自其所以乃。（〈大宗師〉）

孟孫氏特覺，瞭解生死一如、夢覺等同的道理，與一般人不同。可見莊子並不僅重視夢，亦以「覺」爲喻。特覺，故「不志其所始，不求其所終」，終始變化都忘懷，既忘終始變化，則生死、先後自也不再係念，只是隨順大化，以待未來的變化。對於造化既無志求，則不論化或不化，都不能影響其精神的恒定。所以形骸縱有更改，而心靈亦無損減，形體有轉變，而精神則無耗盡。〔註10〕

雖然特覺，但不遺世而獨立，仍與世俗處，既與世俗處，行爲就當與世

〔註8〕　郭象注：「終始變化，皆忘之矣，豈直逆忘其生，而猶復探求死意也。」見郭慶藩編，王孝魚整理：《莊子集釋》，頁230。

〔註9〕　王叔岷先生說：「無所受而不適，無所係以返其本。」見王叔岷：《莊子校詮》，頁211。

〔註10〕　見王叔岷：《莊子校詮》，頁262。

俗相宜，不「以道與世亢」（〈應帝王〉），所以居喪時「人哭亦哭」，並不因特覺而自高，而異於一般人，這才真是體道者的行徑。但雖是「人哭亦哭」，卻因瞭解大化流行，生死一如的道理，所以心中不悲戚，居喪不哀。

綜上所述，死生夢覺相互比喻不僅強調夢覺等同，死生一如，亦不落失當下生命的自覺，且更開展與大化相契的境界：

……見獨，而後能無古今；無古今，而後能入於不死不生。殺生者不死，生生者不生。其為物，無不將也，無不迎也；無不毀也，無不成也。其名為攖寧。攖寧也者，攖而後成者也。（〈大宗師〉）〔註11〕

「見獨而後能無古今」、「而後能入於不死不生」，乃是說明入道後的情境，不是工夫次第。「殺生者不死」到「無不成也」，是說明入於不死不生之後的行止，也就是「攖寧」。

「見獨」成玄英疏：「夫至道凝然，妙絕言象，非有非無，不古不今，獨來獨往，絕待絕對，睹斯勝境，謂之見獨。」〔註12〕陳冠學先生說：「獨，指自我、真吾。」〔註13〕意謂見獨即是真我呈顯出來，也就是見道，此是體會自己與道為一，不墮二邊的境界。既與道為一，自然無古今之別，無生死之異。〔註14〕

「無古今」，即突破時間的限制，無時間的分別，則古今為當下，但亦不著於當下。既無時間、空間的差別，個人生命即可一如平常於任何時地，順應造化而無生死之別，故說「不死不生」。

「殺生者不死，生生者不生」是「不死不生」的進一步說明，「不死不生」即與造化相契，故「殺生」、「生生」，都不是刻意的，而是順應造化運行的結果。與造化相契的精神具象化為行為之時，就表現為無不將，無不迎，無不毀，無不成，也就是對於造化無所志求，對於萬物的往來也不會刻意地加以迎送，成毀皆順應造化的安排，所謂「攖寧」也就是如此，在造化紛繁擾動之中，仍保持心靈的寧靜。

死生與夢覺兩對觀念，在相互比喻之下有很開闊的發展。在大夢與大覺

〔註11〕原段落在引文之前尚有一大段，說明生死一如的心境必須作工夫才能達至，但與本文論述生死的議題無甚關連，故不引出。

〔註12〕見郭慶藩編，王孝魚整理：《莊子集釋》，頁254。

〔註13〕見陳冠學：〈莊子新注〉，頁306。

〔註14〕宣穎說：「見獨者，夫道一而已矣，能見及此，又何古今之別，生死之異哉！」見宣穎：〈莊子南華經解〉卷二。

當下的不知中，不僅大夢與大覺相互溝通、涵融成一積極統一體，生死的隔閡對立亦得打通，更開啓生命流轉的連貫性，夢覺的割裂對立也在生命的自然流轉中各得其安立，不相妨礙而又能相互疏通，生與死、夢與覺亦得復等同，更得當下生命的安頓。雖有因果承續，但在當下生命安頓下成就的安時處順，自然使因果論也失去意義。

當下生命安頓了，在夢就安適於夢，在覺就安適於覺，在自然之分則安適於自然之分，也就是說，當下生命安頓了，不論在什麼樣的境地就都能安適，即使是生死也能安適，而得栩栩之樂，這就是物化。與經由「吾喪我」的工夫，以表現「天籟」的境界完全一致，也就是「齊物」。

就生與死、夢與覺的相互疏通而言，當下也就涵融了過去與未來，涵融了一切時刻，夢與不夢都如同一場永恒的大夢，奇異而無憂，生命「遊」於無邊無際的世界，但又與世俗處，與物為春，與物有宜，不會脫離現實。更開展出與自然大化同在，「殺生者不死，生生者不生」的境界，純任天機自行。

第二節　大戒的忘懷

當下生命最大的必然與偶然遭遇，皆可歸之於為客觀環境與親子關係，為此，《莊子》對於當下生命的客觀環境與親情，提出義、命兩個觀點，以解釋生活中必然與偶然的遭遇，並宣說面對這些遭遇時應當抱持的態度。

一、自事其心——對大戒的消解

討論大戒的問題，必然要說明〈人間世〉這一則的意義：

> 天下有大戒二：其一，命也；其一，義也。子之愛親，命也，不可解於心；臣之事君，義也，無適而非君也，無所逃於天地之間。是之謂大戒。是以夫事其親者，不擇地而安之，孝之至也；夫事其君者，不擇事而安之，忠之盛也；自事其心者，哀樂不易施乎前，知其不可奈何而安之若命，德之至也。為人臣、子者，固有所不得已，行事之情而忘其身，何暇至於悅生而惡死！

首先必須從文本脈絡意義說明這一段話的重點何在。整段話由命與義起始，最終歸結於「行事之情而忘其身（依事情的實際情況進行而不顧慮自身）」，而不是歸結在大戒上。這等於說提出大戒的目的是在「忘」——忘其身，而

非不可逾越的外在事物（大戒），與逍遙同樣強調個人心性修養的重要，外物不能成爲決定個人逍遙與否的必要條件。

文中尚可分出一小段，由「事其親者」始，歸結爲「自事其心者」，說孝、說忠，卻以自事其心的「哀樂不易施乎前，知其不可奈何而安之若命」，爲德之至，爲最高的德行，因此可以說「安之若命」的至德遠過於忠、孝之至，至德才是此一小段文章脈絡論述的重點。可見這一段話的重點是在安之若命的至德，在忘，而不是大戒。〈人間世〉中更云：

且夫乘物以遊心，託不得已以養中，至矣。

乘物遊心，即是逍遙。有所不得已，則養其心，依順事物的發展情勢，使心靈在物的變化中逍遙自適，不受物的干擾。誠如〈德充符〉中的叔山無趾，雖然亡其足，終強調「猶有尊足者存」，不能因爲外物而迷失心靈。〈大宗師〉亦云：

彼以天爲父，而身猶愛之，而況其卓乎！人特以有君爲愈乎己，而
身猶死之，而況其眞乎！

所謂「卓」、「眞」，皆指道，也就是至人所體會得的至德，至德遠遠超越於對君的忠、對於父的孝，自然也消解了無所逃的義、不可解的命，給出了精神無待的自在空間。〔註15〕

可見〈人間世〉論大戒，根本不在於強調大戒的無所逃於天地之間，而是強調「忘其身」、「安之若命」、「乘物以遊心」。但就「行事之情而忘其身」言，要忘其身，事實上是必須看如何「自事其心」，王夫之說：「夫五官百骸豈知悅生而惡死哉？心悅之，心惡之耳。」〔註16〕五官百骸不會有悅生惡死的情緒，眞正有悅生惡死情緒的是心，故如何「自事其心」，使心不會悅生惡死，達到「哀樂不易施乎前，知其不可奈何而安之若命」的至德，更形重要。

所謂自事其心以忘其身，就是要人將心力完全投注於事情的實際狀況上，盡力而爲，不考慮自身得失，而將成敗歸之於命，不使心靈役於外物。因爲自身的得失安危，事物的成敗，往往受限於客觀環境的影響，個體難以全面掌控，既不能全面掌控，其結果也就當歸之於命，不需因此而鐃心。若將心力投注於自身，過度看重事物的成敗與否，反而會生出諸多情緒而擾動

〔註15〕見王邦雄：〈道家思想的倫理空間──論莊子命與義的理念〉，《現代化研究》，
　　　　第 10 期，1997 年 4 月，頁 8。
〔註16〕見王夫之：《莊子通·莊子解》，頁 41。

內心的安適，甚至因顧慮個人的安危而遷令勸成，長遠來看，不見得是好事。且改易君命，強助成就，都屬於過度，溢出，是執滯於外物所成，對內心修養是一大傷害，故當摒棄。〔註17〕

再者，若將心力投注於目前可以解決的客觀環境問題，這便是「不擇地而安之」的孝、「不擇事而安之」的義，自然也就不會想到安危哀樂。至於客觀環境的問題，不論有沒有解決，會有什麼樣的結果，就不是重要的了，因為結果不是可以任由個體選擇，也無以名之，只能從情感上做積極的調適，使內心保持安適，這就是「安之若命」的積極意涵。

所以若能自事其心，使心靈不役於外物，就不易有哀樂來擾亂情緒，而能安之若命，內心保持安適，成就至德，而作為大戒的義、命很自然地就被消解、忘懷了。〔註18〕可見《莊子》絕非命定論者，因為《莊子》的修養實踐並不停留在命定論裡，反而強調要不斷提升內心修養，破除種種宿命論的妄誕與不可能，以至於逍遙忘我的境界。〔註19〕

既然作為大戒的義與命都被消解、忘懷了，自然能夠乘物遊心，使心靈在物的變化中逍遙自適，不受物的干擾。縱使有所不得已，也寄託在這不得已的實際狀況中，依順事情的自然之勢而悠遊自適，而忘其身，以保持內心的安適，這才是最好的。

二、以己之矛攻己之盾——說義

雖然討論了自事其心、忘其身，以至於至德而消解大戒的意義，但仍須進一步討論義與命的意涵，說明之所以需要消解義與命的理由。

先論述大戒中的義，上文已引出原文，故不再引。義，是人間世生活中必然需要面對的，無所逃於天地之間。王叔岷先生說是「屬之於人不得不然」，

〔註17〕〈人間世〉：「『無遷令，無勸成，過度，益也。』遷令、勸成，殆事，美成在久，惡成不及改，可不慎與！」

〔註18〕牟宗三先生曾說：莊子「無恆化」即是想把這一切不能掌握的遭遇盡歸之于自然之化而只「循斯須」以乘之而轉，這乘之而轉，轉而無轉，即是「獨化」，此時「命」之義即被化掉。……但到此境界，一切都無可說，不但「命」被越過，即正面一切東西亦被忘掉。見牟宗三：《圓善論》（臺北：臺灣學生，1985年7月），頁144。

〔註19〕吳建明說：「莊子絕非命定論者，如果說莊子哲學是一種命定論，那麼其生命的體道實踐終將成為妄誕與不可能，莊子的逍遙也不可被理解。」見吳建明：《莊子安命哲學之探究》，南華大學哲學研究所，碩士論文，1999，頁77。

〔註20〕日本金谷治說是「一種應然的社會生活的存在規範」，〔註21〕其實都是說在社會生活中應當作的事。由「臣之事君，義也，無適而非君」來看，為人臣的職分就是忠於君主的命令，無遷令、無勸成，而且不論是在什麼樣的環境下，只要是在天地之間就無所逃避，就必須小心謹慎的加以完成，所以稱之為大戒，人間不可逾越的大法。

但這需時時注意，不可逾越的大法，似乎仍不是最重要的。〈人間世〉櫟社樹一則就提出了：

> 匠石歸，櫟社見夢曰：「女將惡乎比予哉？若將比予於文木邪？夫柤梨橘柚，果蓏之屬，實熟則剝，剝則辱；大枝折，小枝泄。此以其能苦其生者也，故不終其天年而中道夭，自掊擊於世俗者也。物莫不若是。且予求無所可用久矣，幾死，乃今得之，為予大用。使予也而有用，且得有此大也邪？且也若與予也皆物也，奈何哉其相物也？而幾死之散人，又惡知散木！」匠石覺而診其夢。弟子曰：「趣取無用，則為社何邪？」曰：「密！若無言！彼亦直寄焉，以為不知己者詬厲也。不為社者，且幾有翦乎！且也彼其所保與眾異，而以義喻之，不亦遠乎！」

由「以義喻之」，櫟社樹自言其乃「求無所可用」，及匠石弟子言「趣取無用」三者合而觀之，可知義與「用」的關係密切。就「用」而言，要求有用是常理，且就「以義喻之，不亦遠乎」來看，義即可說是要求有用，也就是一種常理。如文木之屬與世俗的關係，雖然表面上有用者與被用者的差別，但其實是在一種互相物役的關係下，這是求為有用的必然結果，所以櫟社樹求無所可用，以免於與世俗相磨相損之害。

就在這裡，匠石弟子提出了一個很重要、很好的問題：「既然求無所可用，為什麼還要為社？」言下之意，為社亦是有用啊，怎麼會是一無用處呢！這真是大哉問！

因為不論有用或無用，其實皆與客觀環境下個人身份、職分所當為之事有必然的關係，換句話說，客觀環境對於有用或無用有必然的影響。所以櫟社樹為求生存，在客觀環境下必得選擇為社，以成其大（大用），因為「不為社者，且幾有剪乎」，不為社，終將有剪伐之害。也就是說，為求生存，必得

〔註20〕見王叔岷：《莊子校詮》，頁 139。
〔註21〕見陳鼓應：《莊子今註今譯》，頁 137，註 8 條引。

為社，因為為社才能顯示此櫟樹仍是有用的，若真一味尋求無用，使一無用處，終將遭到剪伐，這是必須真正跳脫有用、無用的觀點，才能看清楚的，所以說「以義喻之，不亦遠乎」。

故此則的義，雖說是有用的常理，但其實也仍是一種應然的社會生活的存在規範，與大戒的義意義並不相違。可是這卻不是櫟社樹所追求的，甚至還不夠格來說明櫟社樹的行止。

很耐人尋味的問題就在這裡，為何兩則「義」可說意義並不相違，但在《莊子》中卻有不同的結果，一被當成大戒，人間不可逾越的大法，無所逃於天地之間，而另一卻被視為不足以言之？這是否為莊子刻意以己之矛攻己之盾，以破除義的迷思、侷限，而認為義實不足以為法？

仁義之義也是因其性質與所引發的弊病而受到極大的批判，顯然是更不足以為法的：

> 自我觀之，仁義之端，是非之塗，樊然殽亂，吾惡能知其辯！（〈齊物論〉）

> 強以仁義繩墨之言術暴人之前者，是以人惡有其美也，命之曰菑人。菑人者，人必反菑之，若殆為人菑夫！（〈人間世〉）

> 意而子見許由。許由曰：「堯何以資汝？」意而子曰：「堯謂我：『汝必躬服仁義而明言是非。』」許由曰：「而奚來為軹？夫堯既已黥汝以仁義，而劓汝以是非矣，汝將何以遊夫遙蕩恣睢轉徙之塗乎？」意而子曰：「雖然，吾願遊於其藩。」許由曰：「不然。夫盲者無以與乎眉目顏色之好，瞽者無以與乎青黃黼黻之觀。」（〈大宗師〉）

> 顏回曰：「回益矣。」仲尼曰：「何謂也？」曰：「回忘仁義矣。」（〈大宗師〉）

說「仁義之端」是「樊然殽亂」，強言仁義於暴人之前者是菑人，可見仁義並不是一個客觀的標準，而是個人的主觀信念，當信念僵化造成執持，就變成自我成長的阻礙，所以說「盲者無以與乎眉目顏色之好，瞽者無以與乎青黃黼黻之觀」，也就是〈秋水〉「曲士不可以語於道者，束於教也」。也因信念僵化而以之為是非評判的標準，進而要求眾人，變成爭亂的源頭，不能看清客觀環境的真實情況。而且由「回益矣」、「回忘仁義矣」，可知應該有比仁義更高的準則。

三、積極的情感調適——說命

　　若就安於生活一點來說，與「義」並爲大戒之一的「命」，是不是也具有同樣的意味？

　　本文認爲《莊子》內篇的命是一獨立觀念，不與性連說，唐君毅先生認爲莊子以性和命連說，〔註22〕只是外雜篇的情形。且外雜篇的性命與內篇的命意義稍有不同，其較著重於生命的天然本眞一面，屬於後起引伸之義，〔註23〕後起引伸之義往往因著重點不同而偏於一邊，甚至偏離根本意義，故不當反客爲主以這後起之義規範原先根本之義。因此本文仍著重討論內篇的命，而不旁及外雜篇的性命之義，以免於混淆。

　　先論述大戒中的命，上文已引出原文，故不再引。命，是指骨肉親愛之情，但這種骨肉親愛之情事實上是以骨肉關係爲基調的，所以也可以說骨肉關係其實就是一種命，而且是無所選擇的，不知所以然的。但莊子的論述並未停留在此，而更深論了一層。他認爲修養自己的內心，就要讓內心隨處都安適如事親時，不能讓內心陷入哀樂，如果知道事情的演變是不可奈何的，就以命視之，而讓內心安適。所以說「安之若命」，「若」字最有意義，不過假定爲命而已。〔註24〕這不是一種逃避諉過心理，而是情感的積極調適。

　　另外，內篇中討論「命」的不多，除命令意義的段落，以及已列於大戒的一則外，共有四則，一併列出討論：

> 知不可奈何，而安之若命，唯有德者能之。游於羿之彀中。中央者，中地也；然而不中者，命也。（〈德充符〉）

> 死生存亡、窮達貧富、賢與不肖、毀譽、飢渴寒暑，是事之變、命之行也。日夜相代乎前，而知不能規乎其始者也。故不足以滑和，不可入於靈府。（〈德充符〉）

> 死生，命也；其有夜旦之常，天也。（〈大宗師〉）

> 吾思夫使我至此極者而弗得也。父母豈欲吾貧哉？天無私覆，地無私載，天地豈私貧我哉？求其爲之者而不得也！然而至此極者，命也夫！（〈大宗師〉）

〔註22〕見唐君毅：《中國哲學原論導論篇》，頁 527。
〔註23〕一般認爲外雜篇是發揮內篇思想，所以當是後起之義。
〔註24〕見張岱年：《中國哲學大綱》（臺北，藍燈，1992 年 4 月），頁 454。

此「安之若命」的看法與大戒中的命相同，且更連繫了義與命的意義。像羿一樣的神射手，在他射程內必中的地方，卻沒射中，就羿來說，這就是命，一種無可名之，但又必須完全接受的事實。而就被射者而言，原以為是無所逃的，卻不被射中，這很難解釋為什麼，所以莊子也只好弔詭的說是命，幸運命大，於是，無所逃等同不可解，義也是命。〔註25〕

命不僅涵融義的意義，當命之行，命運行、流行時，所謂的命，且涵融了骨肉關係，連個人生命所無法掌控的死生存亡、窮達貧富、賢與不肖、毀譽、飢渴寒暑，亦皆是命。這些都不是個人生命所能掌控，而是事物的自然變遷，更是人的智識所無法窺知其始的。既然人的智識都不能理解，那就不當讓命之流行侵損人精神的完整，破壞內心的平和安適。〈達生〉篇也指出：「達生之情者，不務生之所無以為；達命之情者，不務知之所無奈何。」

至於「夜旦之常」，雖說是天，但與死生、寒暑等事之變、命之行其實一樣，所以這裡天和命的意義可說相同。

再以貧富問題作為比喻，點出命是一種主觀的情感調適。〈寓言〉篇指出：「天有歷數，地有人據，吾惡乎求之？莫知其所終，若之何其無命也？莫知其所始，若之何其有命也？」這裡對於有命、無命，都是採取疑問的語氣，也就是說，是否真的有命，是無法斷定的，而既然無法斷定命的存在與否，命的存在與否就不是最重要的。王夫之就認為：「貧富之於人，甚矣。故人有輕生死而不能忘貧富者，思其所以使我貧者而不得，則曠然矣。天地不私貧人富人，抑豈私生人死人乎？弗獲已而謂之命，而非有命也。」〔註26〕他認為「非有命也」，等於直接否定命的存在，而將命歸之於只是思索之後的「弗獲已」，這就表明命是一種主觀的情感調適。因此可以說，父母不希望孩子貧困，天地更不會私意去造成，追究為何使人至於貧困的道理而不得，於是只好歸之於命，所以這只能說是主觀的情感調適。

而且貧富只是一種比喻，貧富固然可以追究根由，但其所能追究的也僅是此生此世一部份原因，若是擴大範圍不斷追究下去，至於際遇的問題，為何會成此性格，為何有生死，為何生於此而不生於彼……，種種問題也實在是無法追究得了的，因此只好歸之於命，使情感得以調適，精神不會動盪不安。

〔註25〕見王邦雄：〈道家思想的倫理空間——論莊子命與義的理念〉，《現代化研究》，第 10 期，頁 6。
〔註26〕見王夫之：《莊子通・莊子解》，頁 69。

綜上所論可以歸納幾出幾點命的意義與性質：

1、無所逃等同不可解，義也是命，命涵融了義的意義。

2、命在當下生命的種種際遇上，是無可名之，不知其所以然，其結果不是個體所可自由選擇的，所以稱之爲命，這是一種主觀的情感調適，是否眞有命，並不是最重要的。

3、死生存亡、窮達貧富、賢與不肖、毀譽、飢渴寒暑等等，都是人力所無法掌控的，故稱之爲事之變、命之行，而既定的事實，以及人力所無法改變的，不可奈何的，也可以歸之於命，假當是命。

4、不論命，或者假當是命，都是心理情感積極的調適，不是諉過逃避的宿命論。因爲諉過必然將責任往外推，逃避會變成一個內心懸而未決、不敢面對的問題，縱然可以得到短暫的平和，一旦再次面對，內心仍會重新陷入混亂，不能安適。而經過眞正理解的積極調適，卻能坦然面對。

四、忘適之適

義與命的提出，代表莊子對於現實環境中無可奈何之事的反省，反省之終乃在求內心的安適。但莊子並不停留於此，更進一步忘而化之，使自事其心的開拓不僅止於大戒的消解，而更具積極的意義，〈德充符〉云：

德有所長，而形有所忘。人不忘其所忘，而忘其所不忘，此謂誠忘。

王叔岷先生指出成玄英疏「所忘，形也；不忘，德也」是對的，更說明成疏「忘形易而忘德難也。不忘形而忘德者，此乃眞實忘。」理不可通，因爲形易忘而德難忘，易忘者尚不能，而遽能忘德？也指出上「不」字做「不但」解，下「而」字猶「又」也。所以整則的解釋爲：重形則昧於德，長於德則忘其形。人不但忘其形，又忘其德，乃眞忘也。〔註27〕忘其德，則連安適感也都忘了。

〈大宗師〉「坐忘」亦同此意：

顏回曰：「回益矣。」仲尼曰：「何謂也？」曰：「回忘仁義矣。」曰：「可矣，猶未也。」他日，復見，曰：「回益矣。」曰：「何謂也？」曰：「回忘禮樂矣。」曰：「可矣，猶未也。」他日，復見，曰：「回

〔註27〕見王叔岷：《莊子校詮》，頁 198。

益矣。」曰：「何謂也？」曰：「回坐忘矣。」仲尼蹴然曰：「何謂坐忘？」顏回曰：「墮肢體，黜聰明，離形去知，同於大通，此謂坐忘。」

　　仲尼曰：「同則無好也，化則無常也。而果其賢乎！丘也請從而後也。」每當顏回的學習有所進展而自滿時，孔子即告戒顏回：「可矣，猶未也。」不採用、跳脫是非論證的方法，而肯定其價值，並指出其有所不足，直接創造一個更寬廣的視野、更宏大的空間、更精妙圓融的境界，希冀顏回不要自滿而執滯於現有的成就，不要自是偏狹，不要過於主觀別異。而經二次告誡，顏回亦不負孔子的期望，終達「坐忘」之境。這與〈齊物論〉所云：「是非之彰也，道之所以虧也。」摒棄是非論證的態度是一致的，亦可顯示修養進程的層次是因人而異，並無固定，不是照表操課就能收到立竿見影之效。

　　其次，要討論坐忘的意義，還需先討論「仁義」、「禮樂」二詞的位置。方勇、陸永品二位先生指出：〈大宗師〉寫孟孫才「唯簡之而不得」，寫孟子反、子琴張因「臨尸而歌」見譏，正說明世俗之禮陳陳相因，忘之不易，所以雖悟道若孟孫才，仍須「人哭亦哭」。但他卻可以不流淚、不悲戚、不哀傷，從心底盡去仁義、孝道之實，而仍無害「善喪」之名。由此可知，忘仁義實易於忘禮樂，故宣穎引孫月峰之說，「忘仁義只是去是非心，忘禮樂則全然不拘束矣，故忘禮樂在忘仁義後。」是可從的。「仁義」與「禮樂」二詞的位置無須互換。〔註28〕吳怡亦主此說，他說：「仁義是道德觀念，比較抽象，所以容易去忘，而禮樂卻是具體生活上的實行，所以比較近切，而需多做工夫去忘。」〔註29〕

　　仁義、禮樂之忘，即是回歸於己身內在的探索、成長，而忘卻世俗的羈絆、忘卻外在表象形貌的追求。也就是說，對外在事物並非全然不理會，而是心中不再有所掛礙。不然，此文中的顏回如何與仲尼交接、如何處世呢？〈德充符〉中的王駘如何教化眾人呢？

　　同樣的，「坐忘」也是如此。「坐忘」，簡單說就是「離形去知，同於大通」，同樣是體解大道的至人逍遙境界。墮肢體不是要隳壞肢體，而是要忘形，也就是離形，黜聰明就是去知，而離形與去知有相互含括的成分。徐復觀先生說：

〔註28〕見方勇，陸永品著：《莊子詮評》，頁 206～207，註〔二〕條。

〔註29〕見吳怡：《新譯莊子內篇解義》，頁 264。按《論語‧八佾》載：子貢欲去告朔之餼羊。子曰：「賜也，爾愛其羊，我愛其禮。」即是明顯例子，連孔子讚為「瑚璉」的子貢都欲去告朔之餼羊，可見其「禮義」（抽象的觀念）已失，僅禮儀（具體生活上的實行）流傳，故忘禮樂在忘仁義後。

> 離形即含有去知的意味在裏面；去知即含有離形的意味在裡面。而
> 莊子的「離形」，也和老子之所謂無欲一樣，並不是根本否定欲望，
> 而是不讓欲望得到知識的推波助瀾，以至於溢出於各自性分之外。
> 在性分之內的欲望，莊子即視為性分之自身，同樣加以承認的。所
> 以在坐忘的境界中，以「忘知」最為樞要。忘知，是忘掉分解性的、
> 概念性的知識活動。〔註30〕

徐先生的看法，在離形、去知的意義相互含括上是正確的，但其解釋離形、
去知就有問題了，因為他以為離形去知就是將分解性、概念性的知識活動直
接排除，這是很奇怪的。

　　若從文本的脈絡意義來看，離形去知了，也就同於大通了，所以「離形
去知」等於「同於大通」，其意義也可說是無好、無常，沒有偏好、偏執，不
執滯於故常。所以說離形就是忘形，雖有形體，但是不偏執、偏好自身的形
體，並忘卻因此形體而有的內外之分、仁義禮樂之想、主觀別異、自是偏狹、
自滿偏執等認知活動。顯然這並沒有直接排除分解性、概念性的知識活動的
意思，若排除分解性、概念性的活動，顏回又如何能與孔子談論「坐忘」之
意呢？〈大宗師〉中的孟孫才又如何能「唯簡之而不得」，又如何能「人哭亦
哭」呢？又如何能「應於化而解於物」（〈天下〉）呢？現實生活中必然是有這
些認知活動的。

　　故「離形」只是要人自事其心以忘掉仁義禮樂，絕去內外之分、主觀別
異之想，讓內心從主觀的偏狹侷促、自是執滯中，從客觀環境的壓迫中，解
放出來，全然無拘束，遊心於物，而這也是「去知」的工夫。也就是說，去
知並非否定認知活動，若從無好、無常來看，去知即是去除、忘掉因偏好、
偏執而來的差別性判斷，及由此產生的過度的知識活動，因為「過度，益也」
（〈人間世〉）。

　　於此，坐忘的意義明白了，是離形去知，同於大通，沒有了對自身形體
的偏好、偏執，也絕除因此形體而有的內外之分、仁義禮樂之想、主觀別異、
自是偏狹、自滿偏執等等認知活動，因此不會執滯故常，而有同於大道的喜
樂，這正是〈齊物論〉中「喪我」、「天籟」的境界，也是〈達生〉篇說的：「知
忘是非，心之適也；不內變，不外從，事會之適也。始乎適而未嘗不適者，
忘適之適也。」不論處在任何環境都能安適，且忘了這份安適。

〔註30〕見徐復觀：《中國藝術精神》，頁73。

綜上所論，忘的意義可以歸納爲幾點：

1、忘是對客觀環境與事變命行的積極轉化、消解、忘懷，也是〈齊物論〉喪我、天籟的境界。

2、不僅忘其形，更忘其德。忘形並不是說不照顧形體，而是說不執滯於形體，也不因形體而有過度的偏好、偏執。忘德並非不修養德行，而是將所修養得的德行也忘懷了，不會以此評斷是非他人。

3、沒有了對自身形體的偏好、偏執，也沒有了差別性的、過度的知識活動，不論處在任何環境都能安適，而忘了這份安適。

當然，「忘」亦如無爲，並非不務事，其務事反有驚人的成就。〈達生〉中津人操舟若神，即是因其「忘水」；梓慶削木爲鐻，鐻成，見者驚猶鬼神，亦是因其忘四肢形體、無非譽巧拙、慶賞爵祿之心，此將於第四章第二節深論。

第三節　知識的齊物義

《莊子》的「去知」論點一直很受矚目，若從「同則無好」來看，去知是忘掉因偏好、偏執而來的差別性判斷，及由此產生的過度的知識活動。也就是說，爲因應現實生活，分解性的、概念性的知識活動是必須的，不應該遭到否定，應該否定的是因偏好、偏執而來的差別性判斷、過度的知識活動。因此，依〈養生主〉云：「吾生也有涯，而知也無涯。以有涯隨無涯，殆已；已而爲知者，殆而已矣。」而認定莊子否定經驗知識、或分解性、概念性知識活動的說法，實有重新討論的必要。

雖然經驗知識乃生活之所必須，但畢竟是「知所有待而後當」，僅從經驗知識的脈絡，似乎並不能真正成就「真知」的境界。既然「有真人而後有真知」，真人又必待之於修養實踐而後可成就，那麼經驗知識與修養實踐有何關係？且若真的成就了真知，真知又是如何對待經驗知識？這都可以進一步討論。

一、經驗知識的重要

《莊子》反對求知、用知的立場似乎相當明顯，如上文「吾生也有涯，而知也無涯。以有涯隨無涯，殆已；已而爲知者，殆而已矣。」又如「知者也，爭之器也。」（〈人間世〉），「聖人不謀，惡用知？」（〈德充符〉），都是很著名的話。但生活中必然會面對許多事物，要解決這些事物都必須依靠經驗

或智識，若要避禍求福，更是不可不用知，且〈大宗師〉說：「知天之所爲，知人之所爲者，至矣。」既要知天，也要知人，才能達於極致，可見莊子很重視智識。因此，對這些經驗智識的態度就有必要重新檢討，以求得莊子對智識的眞正態度：

> 汝不知夫養虎者乎？不敢以生物與之，爲其殺之之怒也；不敢以全物與之，爲其決之之怒也；時其飢飽，達其怒心。虎之與人異類而媚養己者，順也；故其殺者，逆也。夫愛馬者，以筐盛矢，以蜄盛溺。適有蚊虻僕緣，而拊之不時，則缺銜毀首碎胸。意有所至而愛有所亡，可不愼邪！（〈人間世〉）

> 昔者海鳥止於魯郊，魯侯御而觴之于廟，奏九韶以爲樂，具太牢以爲膳。鳥乃眩視憂悲，不敢食一臠，不敢飲一杯，三日而死。此以己養養鳥也，非以鳥養養鳥也。夫以鳥養養鳥者，宜栖之深林，遊之壇陸，浮之江湖，食之鰍鰷，隨行列而止，委蛇而處。（〈至樂〉）〔註31〕

以鳥養養鳥，就是讓鳥在適合鳥的環境裡生活，是海鳥就當漫遊於深林、沙灘、江海河湖，食小魚，魯侯不明此理，以己養養鳥，故雖盛情以待，海鳥仍不能存活。顯見處理一事物，必得以適合此事物的方式待之而後可，若不知此經驗知識，就必然失敗。

若養虎而不知養虎的知識，就更危險了。若以活物、全物餵養，恐怕在咬食時就會激起牠殘殺的天性，所以不僅要知道牠飢飽的時刻，且順著牠的性情，使牠處於平靜狀態，牠才不會傷害人。即使養馬也要講究經驗知識中的對待方法，如果出其不意的撲打蚊虻，驚嚇了馬，馬的飾物就都要毀壞了。本意是好的而結果卻適得其反，那是很可惜的，即如〈應帝王〉「渾沌鑿七竅」的寓言，〔註32〕亦可說是儵、忽二帝不解渾沌的生命型態，錯用方法，致使美意反倒害了渾沌的性命。所以行事，就要謹愼講究對待的方法。

甚至於載福避禍，都需要相當的知識來判斷。〈人間世〉云：

> 方今之時，僅免刑焉。福輕乎羽，莫之知載；禍重乎地，莫之知避。

〔註31〕〈達生〉篇亦有文意重複的一段：昔者有鳥止於魯郊，魯君說之，爲具太牢以饗之，奏九韶以樂之，鳥乃始憂悲眩視，不敢飲食。此之謂以己養養鳥也。若夫以鳥養養鳥者，宜棲之深林，浮之江湖，食之以委蛇，則平陸而已矣。

〔註32〕〈應帝王〉云：南海之帝爲儵，北海之帝爲忽，中央之帝爲渾沌。儵與忽時相與遇於渾沌之地，渾沌待之甚善。儵與忽謀報渾沌之德，曰：「人皆有七竅以視聽食息，此獨無有，嘗試鑿之。」日鑿一竅，七日而渾沌死。

人間禍福很實際，可避、可載。就此而言，知識顯然是必要的，必須運用知識以謹慎行事，才能避免不必要的禍害，載可載的福。

故可知，生活中客觀經驗知識是必須的，接觸事物時，都必須依其適合的方式進行，不能單憑自己的喜好任事，不然必有一方要蒙受其害，甚至演變成雙方都不得其樂，所以瞭解相關知識必然是初步功課。既然如此，經驗性、分解性知識的重要就很明顯了，一旦加以去除或不重視，思想與生活必然會有許多隔閡，生活上也必然會有許多不順遂。故莊子不但不否定現實客觀知識，且是個敞開的態度，亦無所謂「反智」的問題，〔註33〕以處理生活中的種種課題。

所以不能因為生有涯，而知無涯，就直接認定經驗知識、認知活動不足取，雖說「達命之情者，不務知之所無奈何」（〈達生〉），通達性命實情的人，不追求經驗知識、認知活動所無可奈何的事，但並沒有說不從事追求經驗知識、認知活動所可完成的事，也就是說，經驗知識、認知活動所可成就的事是可從事、追求的，若連經驗知識、認知活動所可成就的事都不去做，那就真要等死了。既已確定莊子重視經驗知識，則看似反對認知的論點，就當有進一步的說明。

二、「可矣，猶未也」的開展

經驗知識、認知活動固然重要，但必要有所待的對象才能判定正確與否，所以也有其運用的限度，一旦遇其限度，是否就無能為力了呢？或尚有更高層次、更具普遍性的智識可以涵融「知之所無奈何」？抑或另有所解？且先觀莊子認為經驗知識、認知活動的限度：

> 故知止其所不知，至矣。（〈齊物論〉）

> 知止乎其所不能知，至矣。若有不即是者，天鈞敗之。（〈庚桑楚〉）

> 達命之情者，不務知之所無奈何。（〈達生〉）

經驗知識有所侷限，對於未知的，可運用已知的去探求，但對於根本不可知的、無奈何的，都應該知所止步而不妄求，若妄求，則天鈞敗之、離道。換句話說，知識探求的限度在於不可傷生，〔註34〕只要是經驗知識、認知活動

〔註33〕見謝大寧：〈齊物論釋（中）〉，《鵝湖》，第 230 期，1994 年 8 月，頁 47。
〔註34〕見周策縱：〈《莊子・養生主》篇本義復原〉，《中國文哲研究集刊》，第 2 期，1992 年 3 月，頁 24。周先生並認為莊子反對知識的求竭，因為想求知的終點

所不及的事物，甚至能力所不及的事物，都該安於不可奈何。但是對於經驗知識、認知活動所及的，並未加以限定，都可以去明瞭，以妥善運用。

但是經驗知識、認知活動真的就被限定在經驗世界中，而必與真知截然劃分嗎？〈逍遙遊〉中有段很有意思的對話：

> 肩吾問於連叔曰：「吾聞言於接輿，大而無當，往而不返。吾驚怖其言，猶河漢而無極也；大有逕庭，不近人情焉。」連叔曰：「其言謂何哉？」「曰：『藐姑射之山，有神人居焉，肌膚若冰雪，淖約若處子；不食五穀，吸風飲露；乘雲氣，御飛龍，而遊乎四海之外；其神凝，使物不疵癘而年穀熟。』吾以是狂而不信也。」連叔曰：「然！瞽者無以與乎文章之觀，聾者無以與乎鐘鼓之聲。豈唯形骸有聾盲哉？夫知亦有之。」

不只形骸有聾盲，知亦有聾盲，知的聾盲乃因主觀認定而造成，肩吾並沒有體驗神人生命境界的經驗，故以常情、常知主觀斷定接輿之言狂而不可信，不知向無法證實的可先存疑，保持個人客觀、敞開的心胸態度，以待他日證實。故〈大宗師〉云：「不能自解者，物有結之。」意謂不能解脫的人，乃是自己執滯於外物，自己讓外物束縛住，與物無關，甚至可說是自己束縛自己，而不能解脫、不能成就神人的生命境界。此已可見經驗知識、認知活動與修養實踐實有很大的關連，不可截然劃分。

既說知也有閉塞，則相對的也預示了知有開展的可能，接輿的不近人情，其實正是超越人之常情、常知，對知而言，乃有更開闊的天地，而這也證明了認知活動、經驗知識實可藉由修養實踐而進一步開展，以達到真知的境界，人在這境界裡，認知活動、經驗知識與精神生命相和諧，此即是〈大宗師〉所說的：「是知之能登假於道也若此。」既與精神生命相和諧，則認知活動、經驗知識可與〈逍遙遊〉「小大之辯」同指精神境界的大小，非外物的大小，亦非經驗知識、認知活動的多寡。

〈秋水〉進一步指出在真知的境界裡，認知活動、經驗知識與精神生命相和諧的情形：

> 夫物，量無窮，時無止，分無常，終始無故。是故大知觀於遠近，故小而不寡，大而不多，知量無窮；證曏今故，故遙而不悶，掇而不跂，知時無止；察乎盈虛，故得而不喜，失而不憂，知分之無常

是必敗的。

也；明乎坦塗，故生而不說，死而不禍，知終始之不可故也。

眞知對於物有深刻的觀察體認。由觀遠近而知量無窮，由證曩今故而知時無止，由察乎盈虛而知分之無常，由明乎坦塗而知終始之不可故，此四知是眞知境界裡的認知活動、經驗知識，可說是認知活動、經驗知識的極至。故可知認知活動、經驗知識雖有其侷限，但透過深刻的觀察體認，不使經驗知識、認知活動執滯於其侷限，則經驗知識亦可開展爲眞知，此時的認知活動、經驗知識與精神生命相和諧。故宣穎說：「學道最忌識卑，第一番要見大。第二番不可忽小，然則小大俱當窮心矣。」〔註35〕意謂觀物之大可開拓心胸，然物之大小皆有可觀，可得而窮心成就眞知，而對生死、大小、今古、得失都能超然以待。

故認知活動、經驗知識與眞知並不對立，且可由認知活動、經驗知識向眞知一步步開展，以成就眞知，而眞知也將認知活動、經驗知識作一適當的安立。若將認知活動、經驗知識與眞知相對立，反而是個人的偏執，自己束縛自己。

但是除了保持客觀、開放之外，眞知的開展是否尚有其方法、進程，是否有最終的目標？這是可以再深入探討的。〈應帝王〉指出：

> 無爲名尸，無爲謀府；無爲事任，無爲知主。體盡無窮，而遊無朕；
> 盡其所受乎天，而無見得，亦虛而已。

無爲名尸，〈逍遙遊〉言：「名者，實之賓也。」名非實，故不爲名之主。〔註36〕無爲謀府，〔註37〕錢穆引嚴復注「聖人不謀」說：「不謀，接時生心也。」〔註38〕意謂不可成爲智謀所聚集之處，若讓智謀充塞於心，則心不能寧定，所以接物之時必當與物推移，不生巧詐，順著自然形勢來加以成就。無爲事任，意謂事雖不可不爲，但不可強行任事。〔註39〕無爲知主，意謂不可以智巧爲主，〔註40〕不可濫用智巧謀奪自然形勢之外的成就。以上四點要在

〔註35〕見宣穎：《莊子南華經解》卷四。

〔註36〕成玄英疏：「尸，主也。」見郭慶藩編，王孝魚整理：《莊子集釋》，頁307。

〔註37〕林希逸說：「府，聚也。」見林希逸著，周啓成校注：《莊子鬳齋口義校注》，頁134。

〔註38〕見錢穆：《莊子纂箋》（臺北：東大，1993年1月），頁45。

〔註39〕憨山（釋德清）說：「不可強行任事。」見憨山（釋德清）：《莊子內篇憨山註》（臺北：新文豐，1993年5月），頁448。

〔註40〕憨山（釋德清）說：「知主，以知巧爲主也，言順物忘懷，不可主於智巧也。」見憨山（釋德清）：《莊子內篇憨山註》，頁449。

去除刻意強求、非實情的心思作為，忘懷矜誇，而使人心歸之於自然的秉賦，呈現空明靈覺的心境、成就真知。

此敘述尚簡要，〈大宗師〉的論述更深入：

> 南伯子葵問乎女偊曰：「子之年長矣，而色若孺子，何也？」曰：「吾聞道矣。」南伯子葵曰：「道可得學邪？」曰：「惡！惡可！子非其人也。夫卜梁倚有聖人之才而無聖人之道，我有聖人之道而無聖人之才，吾欲以教之，庶幾其果爲聖人乎！不然，以聖人之道告聖人之才，亦易矣。吾猶告而守之，參日而後能外天下；已外天下矣，吾又守之，七日而後能外物；已外物矣，吾又守之，九日而後能外生；已外生矣，而後能朝徹；朝徹，而後能見獨；見獨，而後能無古今；無古今，而後能入於不死不生。殺生者不死，生生者不生。其爲物，無不將也，無不迎也；無不毀也，無不成也。其名爲攖寧。攖寧也者，攖而後成者也。」南伯子葵曰：「子獨惡乎聞之？」曰：「聞諸副墨之子，副墨之子聞諸洛誦之孫，洛誦之孫聞之瞻明，瞻明聞之聶許，聶許聞之需役，需役聞之於謳，於謳聞之玄冥，玄冥聞之參寥，參寥聞之疑始。」

此說明學道進程，即開展真知的進程，女偊的兩段答話都有此意。前者的進程依次爲外天下，外物，外生，朝徹，此有工夫次第；自朝徹而後的見獨、無古今、不死不生，皆無工夫次第，是說明入道後的情境、精神境界。朝徹，意謂精神明徹、明達。〔註41〕見獨，指洞見獨立無待的道。攖寧，意謂在攖動紛亂中保持寧靜。不死不生之後的文字皆述不死不生的精神與行爲。此已於第三章第一節說明。

後者的進程依次爲副墨之子，洛誦之孫，瞻明，聶許，需役，於謳，玄冥，此亦有工夫次第，意指需深入體會文字語言的意涵，以使見解明徹，然後勤於實踐，實踐之深則入於道。自玄冥，已無工夫次第，忘言入道了，參寥，疑始，皆狀入道後的精神境界。〔註42〕這一段話是說，道雖經由文字語言，並實踐修

〔註41〕見王叔岷：《莊子校詮》，頁239，註〔十〕條，引奚侗說。

〔註42〕諸名詞解釋：副墨之子，其意爲文字之流傳；洛誦之孫，其意爲語言之流傳；瞻明，其意爲見解洞徹；聶許，其意爲耳聞心許；需役，其意爲勤於實踐而勿怠；於謳，其意爲詠歎歌吟；玄冥，其意爲深遠幽寂；參寥，其意爲空廓；疑始，其意爲迷茫之始。諸家之說多近似，此處解釋本陳鼓應：《莊子今註今譯修訂本》，頁197～198。

養而得，實際上是個人的天性、生命的根本裡早就存在的，〔註43〕但須經過修養實踐，方可「盡其所受乎天」，承受自然造化所賦予於人的圓滿本性。

　　上述兩段話對於學道的進程有繁簡之別，也指出每一層次皆需實踐深入，而後可進於下一層次，但若因實踐之深而生執滯，甚至有是非時，又當如何？〈大宗師〉的寓言又指出：

> 顏回曰：「回益矣。」仲尼曰：「何謂也？」曰：「回忘仁義矣！」曰：「可矣，猶未也。」他日復見，曰：「回益矣。」曰：「何謂也？」曰：「回忘禮樂矣。」曰：「可矣，猶未也。」他日復見，曰：「回益矣！」曰：「何謂也？」曰：「回坐忘矣。」仲尼蹴然曰：「何謂坐忘？」顏回曰：「墮肢體，黜聰明，離形去知，同於大通，此謂坐忘。」仲尼曰：「同則無好也，化則無常也。」

此說明學道進程較上述更為簡潔，由忘仁義進於忘禮樂，再進於坐忘。坐忘，意謂沒有了對自身形體的偏好、偏執，沒有了差別性的、過度的知識活動，因此不會執滯故常。無偏好、偏執、差別性判斷，就不會有所執滯。此於第三章第二節已解說。

　　但若學習之深而生執滯、甚至有是非時，就應以「可矣，猶未也」觀之。以破除執滯，消除是非對錯。因為在進程層級中，較高層級對於較低層級的態度，並非一般是非對錯的態度，而是肯定其價值，也指出其有所不足，從而給予一個可以更寬廣、更圓滿的空間去開展。第二章第一節曾論述〈逍遙遊〉中以「猶有未樹」、「猶有所待」批評宋榮子、列子的境界，顯然以為宋榮子、列子都有所不足，尚有更高、更寬廣的境界可以去開展，他們的生命境界不該執滯於此、僅止於此。

　　這裡孔子對顏回也是如此，孔子不斷以「可矣，猶未也」破除顏回可能產生的執滯、是非，從而給出一個更開闊的世界。若孔子以一般是非對錯待之，則可能會造成另一道心理藩籬，很難有層級高低的比較，且何者為是，何者為非，亦不能肯定，〈齊物論〉也如是說：「彼亦一是非，此亦一是非，果且有彼是乎哉？果且無彼是乎哉？」是是非非是很難論斷的，且《莊子》的立場原就反對是非，當不會另立一套是非以是非他人。

　　且學習進程的繁簡，顯然當視個人而定，不是絕對的。故不論進程是簡、

〔註43〕林希逸說：「此意蓋言道雖得之於文字，實吾性天之所自有者也。」見林希逸著，周啓成校注：《莊子廬齋口義校注》，頁112。

是繁，都有其存在價值，而其學習價值則須視個人而定，既然學習進程的繁簡、價值皆視個人而定，學習也就沒有一定的時間表。既無時間表，學習進程的繁簡、價值又視個人而定，所以不當以這些問題是非他人。上文所述三、七、九日之類，也只能表示一進程高於一進程而已。

故可知，知是有精神境界層次的，有其學習進程，如學道有其進程。不但要有經驗知識、認知活動的學習，並且要能不受其執滯。〔註44〕因爲這在運用上是必須的，人不能無知，事亦不能不爲，但須去除非實情、刻意強求、個人差別偏好、偏執的介入。

而學習的最終目標，是盡其所受乎天，亦是入於不生不死、達於「疑始」，亦即坐忘，不論言詞爲何，其意義實都相同，皆是回歸到個人性天之全，與道通爲一，亦即不分眞知、經驗知識，而皆爲眞知。就此而言，所謂的最終目標其實也被忘了、消融了、不再有區別了，也可以說，學習沒有最終目標，眞知的開展無窮無盡。

三、眞知與經驗知識的相互涵融

由認知活動、經驗知識一步步開展爲眞知，而眞知無窮無盡，再回歸落實於生活中，此時眞知的型態又如何？且齊物如何表現知的意義，知如何呈現齊物的面貌？先從〈齊物論〉來討論：

> 物固有所然，物固有所可。無物不然，無物不可。故爲是舉莛與楹，厲與西施，恢詭譎怪，道通爲一。其分也，成也；其成也，毀也。凡物無成與毀，復通爲一。唯達者知通爲一，爲是不用而寓諸庸。庸也者，用也；用也者，通也；通也者，得也。適得而幾矣。因是已，已而不知其然，謂之道。

從道的觀點看物，則一切物都可得到肯定，得與道通爲一。因爲物有分就有成，有成就有毀，這是自然的演變，不可妄加否定的，故從道的角度來看，物的分、成、毀，其實仍是一個整體。且每一物皆有其效用，若從其效用的角度來看，則每一物都有用，但若不從其效用的角度來看，則每一物又都是無用，既無用，則盡皆可棄。所以只有通達之士不會有成見固執，而著重於

〔註44〕顧文炳說：「莊子並未否定感性知識與理性知識的作用，認爲在進行高級階段直覺體認時，要排除低級階段思維活動的干擾。」見顧文炳：《莊子思維模式新論》（上海：上海社會科學院出版社，1993年5月），頁112～113。

物之效用，由物之用而得物之性，而通爲一。依物的不同功用而自然地運用，不以好壞等價值判斷強加其上，這就是道的顯現。

所謂「寓諸庸」，即是從效用、功用的角度來看物，物各有其用，使物各得其用，則物各得其性而歸於平等。〔註45〕物歸於平等，就是「齊物」了，但是物的平等與人的「齊物」是不同的，因爲人有自覺，能不斷提升精神境界以至於眞人的齊物境界，而物並無自覺能力，僅能以各得其用來說明齊物。

由物的討論，也可以說明經驗知識的情形，因爲經驗知識也是物的一環，〔註46〕故雖講物，但亦可當作經驗知識來看。故說經驗知識雖有差別性，各有其用，但這是勢所必然的，若不固執成見而得其所用，用其得當，則經驗知識亦皆歸於平等，此即是經驗知識的齊物義。

〈大宗師〉也說：

> 知天之所爲，知人之所爲者，至矣。知天之所爲者，天而生也；知人之所爲者，以其知之所知以養其知之所不知，終其天年而不中道夭者，是知之盛也。雖然，有患。夫知有所待而後當，其所待者特未定也。庸詎知吾所謂天之非人乎？所謂人之非天乎？且有眞人而後有眞知。

> 古之眞人，……其好之也一，其弗好之也一，其一也一，其不一也一。其一與天爲徒，其不一與人爲徒。天與人不相勝也，是之謂眞人。

能知天之所爲，也知人之所爲，才是經驗知識、認知活動的極至，也就是眞知。也就是說，若知天之所爲而不知人之所爲，則不能行於世，無法與世俗處；若知人之所爲而不知天之所爲，則不能調適上遂，與造物者遊，兩者都

〔註45〕 徐復觀先生說：「莊子不從物的分、成、毀的分別、變化中來看物，而只從物之『用』的這一方面來看物。從『用』的這一方面來看物，則物各有其用，亦即各得其性，而各物一律歸於平等，這便謂之『寓諸庸』。寓諸庸，即是從物的用來看物。秋水篇『以功觀之，因其所有而有之，則萬物莫不有。因其所無而無之，則萬物莫不無（按此係說在能力上之平等）。知東西之相反而不可以相無（按此係言效用上之平等），則功分定矣』按秋水篇之所謂『功』，即齊物論之所謂『庸』；『以功觀之』，即『寓諸庸』。」見徐復觀：《中國人性論史》，頁 402～403。

〔註46〕 〈人間世〉櫟社樹說：「若與予也皆物也。」故知人與物皆爲物的一環，人既爲物的一環，知亦當爲物的一環。但櫟社樹乃寓言中之物，可以人觀之，視其有自覺能力，非一般之物。若一般之物，則不能如人有自覺的能力。

不是眞知的表現。但人之所爲、人爲智識必不能窮盡，所以當以自己智力所能知的涵養自己智力所不能知的，以使自己得享自然的年壽而不至於中途夭亡，這就是經驗知識、認知活動的能事了。

但這也有個問題，因知必須有對象才能加以判準，而對象又不能確定，故亦不能確知何爲天，何爲人，也就是說，經驗知識亦可能爲眞知，眞知亦可能爲經驗知識，這不僅證明經驗知識的重要，也證明經驗知識不可能與眞知截然分割，甚至兩者就是互相涵融、互相呈顯。

因爲經驗知識其實也是眞知的一環，眞知必須藉由經驗知識以得開展，亦必藉由經驗知識呈顯，經驗知識也因眞知而得以呈顯其深刻意義，此即眞知與經驗知識的相互涵融。若執滯於經驗知識的差別，或執滯於經驗知識與眞知的區別，眞知即隱。王叔岷先生說：「自然之理用於人爲，則天亦人也；人爲之理合乎自然，則人亦天也。」〔註47〕即是此意。

這也可說明有眞人而後有眞知，並不是另有一個不同於經驗知識的眞知，而是說眞知就是眞人的生命境界，只有眞人才能知天之所爲、知人之所爲，瞭解經驗知識的差別，而又能不執滯於經驗知識的差別。

故不論喜好與否，不論與天或與人爲徒，眞人的知、行皆統合天人，天人不相勝。此即〈知北遊〉言：「物物者與物無際，而物有際者，所謂物際者也；不際之際，際之不際者也。」物有其自然之分際，知亦有自然的分際，這種分際是來自於其稟性與功用的不同，不可混淆，而眞人則得其性，與物通爲一，天人相調和涵融而不相勝，故其生命境界無邊無際。

可以分成幾點說明上述所得：

1、經驗知識有其差別性，這種差別性來自於其稟性與功用的不同，這是經驗知識的自然分際，因爲經驗知識屬於物的一環，物與物既有自然的分際，經驗知識亦當有自然的分際。且此自然的分際不可混淆，名實相符，才能得事物各自的性情。〔註48〕

2、若以功用適當與否來看經驗知識，則一律平等，具有普遍性，進於眞知，此即是知所表現的齊物義。亦是因順自然，因順事物各自的自然

〔註47〕 見王叔岷：《莊子校詮》，頁 206～207。
〔註48〕 徐小躍說：「莊子始終明確承認事物的差別性，並認爲這種差別性來自天然的稟性有別，……而且主張不要混淆這種區別。這樣才『名止於實，義設於適』（《至樂》），名實相符，以求適合於事物各自的性情。」見徐小躍：《禪與老莊》（臺北：揚智，1994 年 5 月），頁 185～187。

特性，即不違天就之自性。〔註49〕所以雖然強調齊物，但並不妨物之自然分際、經驗知識的自然分際。

3、真知也就是齊物，真知是真人的生命境界，這境界與經驗知識相互涵融，相互呈顯。

所以，當真知回歸落實於現實生活，此時真知與經驗知識相互涵融，這並不妨真知的開展，也不妨經驗知識的分際，反而因真知的無窮無盡成就了經驗知識的持續發展，也因經驗知識的發展呈顯了真知的無窮無盡，這也是齊物在知的呈顯，而知則以功用的平等呈現了齊物的面貌。

最後，再回頭來說明幾則本節未竟的問題。

〈德充符〉言：「聖人不謀，惡用知？」這並非否定智謀、完全不用智謀，因為生活不能不行事，而行事就須謀定而後動，故須用智謀來行事，嚴復說：「不謀，接時生心也。」〔註50〕意謂聖人接物之時與物推移，故雖用智謀，卻不生巧詐，因任自然而已，也就是不以詐巧謀奪自然形勢之外的成就。既因任自然，則可稱不謀，不用知。

〈養生主〉言：「吾生也有涯，而知也無涯。以有涯隨無涯，殆已；已而為知者，殆而已矣。」此乃說明執滯的危殆。此處知，說智識、知識、情識，皆可，都是無涯，但並不是負面意義，亦非正面意義，僅能說是中性意義。此文須注意「隨」字，此表明主體仍是有涯之生，而非無涯之知，無涯之知僅是客體，若主體淪喪於客體，其過在主體，而非客體，不能反果為因，以為過在客體。〔註51〕故可說此文文意為：忘卻生命的有涯，而落入無涯之知（知識、情識、慾望）的迷障中，等於是主客易位，這原就是危險的，更何況執滯於其中、不可超拔！知原是來開展生命、豐富生命，以成就真知，以為至人，卻反讓生命沈淪於其中，當然是極其危殆。

〈人間世〉雖言：「知者也，爭之器也。」但又接著說「非所以盡行也」，顯然以為可以用知，只是不能盡行，不可以智巧為主。若使知盡行，則是以智巧謀奪非份的成果，必生爭鬥，故不可使知盡行。這從功用的角度來看，用的不適當，自然要生弊病，但不能因此就否定知的功用。

〔註49〕見徐小躍：《禪與老莊》，頁186。
〔註50〕見錢穆：《莊子纂箋》，頁45。
〔註51〕周策縱先生也說：「〈養生主〉並不反對求知……莊子在此只告訴人不可儘『隨』無盡的外在知識，使內心失主。」見周策縱：〈《莊子·養生主》篇本義復原〉，《中國文哲研究集刊》，第2期，1992年3月，頁23。

而「去小知而大知明」的問題應回歸原寓言來看：

> 宋元君夜半而夢人被髮闚阿門，曰：「予自宰路之淵，予爲清江使河
> 伯之所，漁者余且得予。」元君覺，使人占之，曰：「此神龜也。」
> 君曰：「漁者有余且乎？」左右曰：「有。」君曰：「令余且會朝。」
> 明日，余且朝。君曰：「漁何得？」對曰：「且之網得白龜焉，其圓
> 五尺。」君曰：「獻若之龜。」龜至，君再欲殺之，再欲活之，心疑，
> 卜之，曰：「殺龜以卜吉。」乃刳龜，七十二鑽而無遺筴。仲尼曰：
> 「神龜能見夢於元君，而不能避余且之網；知能七十二鑽而無遺筴，
> 不能避刳腸之患。如是，則知有所困，神有所不及也。雖有至知，
> 萬人謀之。魚不畏網而畏鵜鶘。去小知而大知明，去善而自善矣。
> 嬰兒生無石師而能言，與能言者處也。」（〈外物〉）

此神龜之所以見網、見殺，是其知有所困、神有所不及之故。先是能見夢於
宋元君，卻不能避見網之禍，而爲余且所得，再則是貪求生命，見夢於宋元
君，希冀免於害，結果反爲宋元君所殺。可見神龜被生死的經驗知識所惑，
故眞知隱蔽，不能順自然之勢，以得當下生命的解脫，故言「去小知而大知
明」是適當的，但這並不是要廢棄經驗知識，而是要不受其干擾，去體悟宇
宙人生的眞知。〔註52〕

如此，莊子對於知的態度亦告明晰。

第四節　天刑與逍遙

「天刑」一詞，〔註53〕雖然在《莊子》只出現一次，但卻與逍遙的意義
關連極大。本節將結合與天刑相關的「遁天之刑」，對天刑的根源意義作一探
討，以求知天刑與逍遙的關係。

〔註52〕顧文炳先生說：「『去小知而大知明』，並不是說要廢棄『小知』，而是說在進
　　　　行直覺思維時不要爲『小知』所困，要擺脫此類干擾，去體悟宇宙人生之『大
　　　　道』。」按此小知是指低級階段思維活動。見顧文炳：《莊子思維模式新論》，
　　　　頁113。
〔註53〕「天刑之」，原爲動詞句，但前人多以名詞「天刑」稱之，本文依前人用語之
　　　　習，亦使用名詞「天刑」，以方便與「遁天之刑」一起討論。前人如成玄英已
　　　　用「天刑」一詞，且他解釋「天刑之」爲天然刑戮，已是將動詞名詞化了，
　　　　並將「天刑」與「遁天之刑」同列於一則中。見郭慶藩編，王孝魚整理：《莊
　　　　子集釋》，頁206，頁129。

　　逍遙與外在環境的關係也是一大重點，列舉出《莊子》中的一些章節，藉此可以重新討論逍遙的風貌，以說明人間世的逍遙原就是務事型態的逍遙。

一、刑者自刑：天刑的根源

　　以「自事其心」，「知其不可奈何而安之若命」，「乘物以遊心」的觀念，可知《莊子》強調不斷提升個人修養以至於至人，不接受宿命論，要擺落外物的束縛，故〈德充符〉云：「天刑之，安可解？」其實是有待商榷的。

　　「天刑」一詞，前人或釋為天然刑罰，如成玄英，或釋為天罰之，賦予「天」人格，如林希逸曰：「天刑之，猶天罰之，不與之以道也。」〔註54〕皆過於著重「天」所成、所束縛的部分，忽略了人可以透過修養實踐而有所開展成就，當然也就可能因修養不足而造成天刑，所以造成天刑與「遁天之刑」的意義不相同。檢視「天刑」與「遁天之刑」的出處章節，僅有天刑一則，遁天之刑兩則，先說明天刑的根源意義，〈德充符〉云：

> 無趾語老聃曰：「孔丘之於至人，其未邪？彼何賓賓以學子為？彼且蘄以諔詭幻怪之名聞，不知至人之以是為己桎梏邪？」老聃曰：「胡不直使彼以死生為一條，以可不可為一貫者，解其桎梏，其可乎？」
> 無趾曰：「天刑之，安可解！」

無趾批評孔丘「天刑之，安可解」，但從文本脈絡來看，他認為孔丘的天刑，其實一是「賓賓以學子」，一是「蘄以諔詭幻怪之名聞」。賓賓以學子，即是頻頻學於老聃，表示孔丘執滯於外在的形跡，想藉著仿效形跡以達成至人，猶有所待，猶有未樹，不知自事其心，不知至人的行為乃是由心齋、坐忘而實踐於外，是同於大通的境界。孔丘頻頻學於他人，反而為外物所役，與心齋、坐忘的修養進程背道而馳，無法乘物遊心，無法秉受自然大化所賦予的生命精神。而企求以諔詭幻怪的名聲傳聞天下，更是執滯於名聲、役於外物，不知名聲不真實，至人甚至以虛妄奇異的名聲為桎梏。

　　成玄英認為以孔丘這樣的行為，遭受天刑，乃「自然之勢，必至之宜」，

〔註54〕見林希逸著，周啟成校注：《莊子鬳齋口義校注》，頁89。另外，陸西星有不同的解釋，其曰：「刑者型也，型者成也，一成而不可易也。言性成之人，根器自是如此。」雖然他的解釋不同於林希逸，但從「根器自是如此」而知，陸西星亦以為天刑著重於天之所成。見陸西星：《南華真經副墨》（中國子學名著集成編印基金會），頁225。

〔註55〕即遭受天刑是必然的結果，所以不可解。但是不論企求名聲或執滯於形跡，不論是自然之勢或執滯於人為，其實根源都在自己，都是自己所造成的。

再者，若假設老聃為至人，他所說的解除天刑之法，雖然無趾不認為可行，但卻具有重要意義。至人認為以「死生為一條，可不可為一貫」的道理，就可以解除孔丘的桎梏，等於說孔丘尚且執滯於死生、是非等相對問題、形跡上，無法用更寬廣的視野、更宏闊的心胸去體驗更精妙圓融境界，但話說回來，沒有人要他執滯於此啊！

可見不知道他的行止是至人所認為的桎梏，正是由於自是偏狹！縱使知道這是桎梏，也會因其自是偏狹而不得解。所以執滯於死生、可不可的根源，仍然是自己的人為執滯所造成。

故知天刑雖說是天然刑罰，但更重要的是：這樣的刑罰是自己有所執滯而造成，其根源在於自己。孔丘「賓賓以學子」，頻頻學於老聃，正是自己刻意學習他人的形跡，使自己落入形跡的執滯中，忘卻自己的立場，不知自己與他人的分際、差異，故說這執滯是自己所造成的，不關被學習者、他人的事。又「蘄以諔詭幻怪之名聞」，也很顯然的是自己執滯於名，自己落入刑罰中。故說天刑是由自己造成，天刑的根源在自己。

所以王夫之解釋名與刑的關係說：「求名則必蹈乎刑，即刑之所自召也。」又說：「名者自名，刑者自刑。」〔註56〕意謂求名即自落於刑罰中，刑罰是自己執滯所造成的。〈大宗師〉也說：「得者，時也，失者，順也；安時而處順，哀樂不能入也。此古之所謂縣解也，而不能自解者，物有結之。」「懸解」就是安時處順，是必須自己心意無係著於外物而後可成就，〔註57〕也就是說，不能懸解，無法安時處順，是因自己執滯於外物，才為外物所束縛。〈庚桑楚〉亦云：「寇莫大於陰陽，無所逃於天地之間。非陰陽賊之，心則使之也。」亦強調個人心靈的自在自適，應當「乘物遊心」，而非為外物所役，故所謂天刑，

〔註55〕成玄英疏：「執於仁義，遭斯戮恥，亦猶行則影從，言則響隨，自然之勢，必至之宜也。是以陳跡既興，疵釁斯起，欲不因弊，其可得乎！故天然刑戮，不可解也。」郭慶藩編，王孝魚整理：《莊子集釋》，頁206。

〔註56〕見王夫之：《莊子通、莊子解》，頁32。

〔註57〕郭象注：「以有係者為懸，則無係者懸解也。」見郭慶藩編，王孝魚整理：《莊子集釋》，頁129。林希逸也說：「懸解者，言其心無所繫著也。」見林希逸著，周啟成校注：《莊子鬳齋口義校注》，頁113。

其實是刑者自刑，天刑的根源正在自己。

再來看遁天之刑的意義及其根源何在，〈養生主〉說：

> 老聃死，秦失弔之，三號而出。弟子曰：「非夫子之友邪？」曰：「然。」
> 「然則弔焉若此，可乎？」曰：「然。始也吾以爲其人也，而今非也。
> 向吾入而弔焉，有老者哭之，如哭其子；少者哭之，如哭其母。彼
> 其所以會之，必有不蘄言而言，不蘄哭而哭者。是遁天倍情，忘其
> 所受，古者謂之遁天之刑。適來，夫子時也；適去，夫子順也。安
> 時而處順，哀樂不能入也，古者謂是帝之縣解。」

本文著重說明「遁天之刑」的意義。至於帝之縣解，其意義也仍是安時處順，哀樂不能入也，所以當與上述〈大宗師〉的「懸解」意義相同。

遁天之刑是因「遁天倍情，忘其所受」而得的刑罰，也就是逃避自然之理，背棄情實，忘了所稟受的自然之理所得的刑罰。逃避自然之理，背棄情實，當然就是執滯於私情，這是一體的兩面。老聃弟子執滯於私情，故於老聃死後痛哭，哀樂入於心中，這是個人內心的憂患，他人無法爲其消解、免除。〔註58〕〈列禦寇〉云：「爲外刑者，金與木也；爲內刑者，動與過也。宵人之離外刑者，金木訊之；離內刑者，陰陽食之。夫免乎外內之刑者，唯眞人能之。」動、過，意謂迷惑、計較，皆是內心的憂患，亦因個人執滯所起，故稱內刑。可知「遁天之刑」亦是內刑，是自己執滯所造成，根源也在自己，與天刑一樣。

再看〈列禦寇〉篇怎麼說：

> 鄭人緩也呻吟裘氏之地。祇三年而緩爲儒，河潤九里，澤及三族，
> 使其弟墨。儒、墨相與辯，其父助翟。十年而緩自殺。其父夢之曰：
> 「使而子爲墨者予也。闔胡嘗視其良，既爲秋柏之實矣！」夫造物
> 者之報人也，不報其人而報其人之天。彼故使彼。夫人以己爲有以
> 異於人以賤其親，齊人之井飲者相捽也。故曰今之世皆緩也。自是，
> 有德者以不知也，而況有道者乎！古者謂之遁天之刑。

遁天之刑，此指有二，一是忿忿的態度，一是自是。緩忿忿地對他的父說他的墳冢已有秋柏之實，宣穎說：「如緩之忿忿，即其刑也。」〔註59〕忿忿，即

〔註58〕成玄英疏：「是知遁天之刑，屬在哀慟之徒，非關老君也。」見郭慶藩編，王孝魚整理：《莊子集釋》，頁129。

〔註59〕見宣穎：《莊子南華經解》卷六。

落入內心的刑罰。而緩自以為墨的成就是自己的功勞，這就「自是」了，不知這正是造物者成就墨的天性，不是他能控馭的。就像齊國穿井的人，以為泉水是他所造，所以扭打喝水的人，不知道這泉水是造物主所成就的。此所謂造物者，只是個假稱詞，不能實指為一物，〈則陽〉即言：「道之為名，所假而行。」故所謂「報其人之天」，即意在於不使人自是，〈大宗師〉曰：「庸詎知吾所謂天之非人乎？所謂人之非天乎？」也是要破除天與人的分別，使人不落於自是。

再就自是與忿忿然而言，其實忿忿然可說是因自是偏狹而起。自是偏狹，所以私情入於心，喜怒為用，背棄情實，忘了所稟受的自然之理。有德者都以為是不智了，更何況是有道者！故說自是，就是遁天之刑。可見遁天之刑實是執滯於人為所成，其根源亦在於自己，與天刑一樣，且因此自是偏狹，遁天之刑即不得解，天刑亦不得解。但若能自事其心，反求諸己，用更寬廣的視野、更宏闊的心胸不斷去提升心靈，去體驗更精妙圓融境界，將能破除天刑、遁天之刑的桎梏。

故「天刑」與「遁天之刑」，意義相同，都是自己執滯於形跡、名聲、死生、可不可、私情等，並自是偏狹所造成，並非外人、外物所加的懲罰，故其根源正在自己，可說是「刑者自刑」。既然天刑是自是偏狹所成，則當從自是的角度說「天刑之，安可解」，單獨說「天刑之，安可解」是有問題的，若天刑不可解，逍遙即不可得，甚至不可理解，所有體道實踐的進程亦成虛妄。故「天刑之，安可解」並不是說完全不可解除天刑，只是說當人既已執滯，又自是無所容，則天刑真成不可解。當然，若能保持客觀而不自是，不復執滯，則天刑自解，而得逍遙。

故知天刑與逍遙實為一相對的觀念，去除天刑，也就是去除自是，去除自己所有的執滯，而無所執滯，即是逍遙，反過來說，不能逍遙，即是因自是而有所執滯，即落於天刑。而天刑亦非不可解，唯須先除自是，方有可能。

二、不務事形態的逍遙

既然分判天刑與逍遙的關鍵是在於執滯與否，那外在環境的變動、險惡或舒適，就都不是最大的問題，也就是說，不論人間世、周遭的實況為何，在真知與經驗知識相涵融的境界裡，所有執滯即都被預示了解決的方式，因為真知與經驗知識的運用即是：依於天理，解除執滯。而不論以何種方式解

決，（即使不解決亦是一種解決方式），結果為何，都能保持安適逍遙。

因此，逍遙的真正意涵並不在於務事或不務事，但也就是如此，逍遙的意涵才能同時呈顯在務事、不務事中，也就是說，不論務事、不務事，都能呈顯出逍遙的意涵。因此，本文檢擇《莊子》中的幾則寓言解讀，以更呈現融貫一致的意涵。茲將逍遙分為務事形態與不務事形態加以討論，先來看不務事形態的逍遙，〈逍遙遊〉的許由：

> 堯讓天下於許由，曰：「日月出矣而爝火不息，其於光也，不亦難乎！時雨降矣而猶浸灌，其於澤也，不亦勞乎！夫子立而天下治，而我猶尸之，吾自視缺然。請致天下。」許由曰：「子治天下，天下既已治也。而我猶代子，吾將為名乎？名者，實之賓也，吾將為賓乎？鷦鷯巢於深林，不過一枝；偃鼠飲河，不過滿腹。歸休乎君，予無所用天下為！庖人雖不治庖，尸祝不越樽俎而代之矣。」

堯讓天下。堯既已治天下，但內心卻仍有不足、慚愧感，故請許由來治理天下，以此知堯尚有所執滯而未得其解，不論執滯於天下或名聲。許由以「庖人雖不治庖，尸祝不越樽俎而代之」為由拒絕堯，認為堯已經治理好天下了，他去了也只得一個虛名，而虛名不真實，且他自己所需不多，就如小鳥只需要一根枝頭，也如偃鼠飲水所求只不過滿腹，最重要的是二人各有各的職分，安於各自所當為的職分，才不會刻意營求、送往迎來，且不為名所執滯，所以許由就當是許由，成就其不務事的逍遙。

再看〈逍遙遊〉中連叔所稱的神人：

> 之人也，之德也，將旁礴萬物以為一，世蘄乎亂，孰弊弊焉以天下為事！之人也，物莫之傷，大浸稽天而不溺，大旱金石流土山焦而不熱。是其塵垢秕糠，將猶陶鑄堯舜者也，孰肯以物為事！

連叔所稱的神人，與天地萬物為一體，而俗世喜好爭求，紛紛亂亂，故不以天下為務、不以俗物為務而自我勞頓。〔註 60〕至於「大浸稽天而不溺，大旱金石流土山焦而不熱」，是稱讚神人「物莫之傷」，若從「德」，內心德行一面來看，則可指外物不能動其本心，〔註 61〕其德行既與天地萬物為一體，水旱自不能動其心志。〈秋水〉加以落實：「至德者，火弗能熱，水弗能溺，寒暑弗能害，禽獸弗能賊。非謂其薄之也，言察乎安危，寧於禍福，謹於去就，

〔註 60〕茲從陳鼓應先生說。見陳鼓應：《莊子今註今譯》，頁 27。
〔註 61〕見林希逸著，周啟成校注：《莊子鬳齋口義校注》，頁 9。

莫之能害也。」能洞察安危的境地、安心於禍福的情境、進退謹慎，所以物不能加害。顯見神人不務事的逍遙亦非無所拘束、任意行事，若任意行事，不顧慮環境的限制，反遭禍害，就不得謂之逍遙。

再看〈秋水〉中一則莊子自己的故事：

> 莊子釣於濮水，楚王使大夫二人往先焉，曰：「願以境內累矣！」莊子持竿不顧，曰：「吾聞楚有神龜，死已三千歲矣，王巾笥而藏之廟堂之上。此龜者，寧其死為留骨而貴乎？寧其生而曳尾於塗中乎？」
>
> 二大夫曰：「寧生而曳尾塗中。」莊子曰：「往矣！吾將曳尾於塗中。」

楚王欲委託楚國政務於莊子，先派使者去表明心意，而莊子不肯務事，故以神龜願死留骨而貴，還是願生曳尾於塗中作為比喻，認為生當逍遙自適，而非執滯於貴賤名位而損傷生命。

從以上幾則寓言的討論可知：即使是不務事形態的逍遙也並不是就可以任意行事活動，一樣必須要顧慮現實環境的牽制，慎重行動才能安然無恙，如此才能身心安適，才是真正的逍遙。如果忘卻現實環境的限制，恣意行事，即成妄為，妄為就會遭受傷害，不得謂之逍遙。且不論現在如何，只要可以操之在己，未來就都有選擇機會，以使自己身心安適，但不論選擇之後的結果如何，都應當安然處之。

三、務事形態的逍遙

既務事，自然要受現實環境牽制，也不可避免的會招來一定的名位，因此要在這樣的環境裡得其逍遙，必然也要學習更多事物，才能將現實環境料理得更恰當。但是務事，並不止於從事政治、名位之類的事，處理日常生活的事情也包含在內，所以可說務事才是生活的常態，因此本文討論務事的逍遙多於不務事的逍遙。

先看〈逍遙遊〉中莊子如何解決困境：

> 惠子謂莊子曰：「魏王貽我大瓠之種，我樹之成而實五石。以盛水漿，其堅不能自舉也。剖之以為瓢，則瓠落無所容。非不呺然大也，吾為其無用而掊之。」莊子曰：「夫子固拙於用大矣。……今子有五石之瓠，何不慮以為大樽而浮乎江湖，而憂其瓠落無所容？則夫子猶有蓬之心也夫！」

惠子以大而無用的瓠瓜諷刺莊子。惠子認為瓠瓜只能作為盛水之器，以盛水

漿，所以將五石大小的瓠瓜掏空拿來盛水，可是五石的瓠瓜實在太大了，它的堅固程度反而不能承受自身所盛水的重量、壓力，剖成兩半做水瓢，卻又伸不進任何容器。雖然它不是不大，但既然不能盛水，也不能做水瓢，當然就沒有任何用處，所以惠子就把它打碎了。

　　惠子以五石之大瓠大而無當諷刺莊子，但莊子的回應卻很妙，他以爲惠子拙於用大，空有五石之瓠，卻不會拿來當作腰舟，浮遊於江湖之上，顯然惠子猶有蓬之心，對於生活事物不知靈慧變通，空有五石之瓠，卻終至一無所得。有蓬之心，即心有執滯，不得謂之逍遙。而莊子則知所善用，果能得其逍遙，且還反諷了惠子。

　　再看〈養生主〉「庖丁解牛」的寓言：

　　　庖丁爲文惠君解牛，手之所觸，肩之所倚，足之所履，膝之所踦，砉然響然，奏刀騞然，莫不中音，合於桑林之舞，乃中經首之會。文惠君曰：「嘻，善哉！技蓋至此乎？」庖丁釋刀對曰：「臣之所好者道也，進乎技矣。始臣之解牛之時，所見無非全牛者；三年之后，未嘗見全牛也；方今之時，臣以神遇而不以目視，官知止而神欲行。依乎天理，批大卻，導大窾，因其固然。技經肯綮之未嘗微礙，而況大軱乎！良庖歲更刀，割也；族庖月更刀，折也；今臣之刀十九年矣，所解數千牛矣，而刀刃若新發於硎。彼節者有閒，而刀刃者無厚，以無厚入有閒，恢恢乎其於游刃必有餘地矣。是以十九年而刀刃若新發於硎。雖然，每至於族，吾見其難爲，怵然爲戒，視爲止，行爲遲，動刀甚微，謋然已解，牛不知其死也，如土委地。提刀而立，爲之而四顧，爲之躊躇滿志，善刀而藏之。」文惠君曰：「善哉！吾聞庖丁之言，得養生焉。」

此則已詳細說解於第二章第一節，於此僅述其要。庖丁解牛技進於道的歷程，由見全牛至未嘗見全牛，進於以神遇而不以目視，官知止而神欲行，此必先知牛之天理，牛的生理結構，而後逐步熟悉，終以心靈、精神的自然運行代替感官知覺的作用，游刃有餘。若至於筋骨盤結處，也必然眼神專注，動作謹慎緩慢。此說明務事必先學習相關資訊，知其環境限制與可發揮的最大限度，然後謹慎行動，才能逍遙其中。

　　可知務事形態的逍遙也必須身心自適於其中，不爲任何事物所執滯，因此，察乎安危，寧於禍福，謹於去就，就更爲迫切需要，不僅必須熟悉工具、

技巧，隨時掌握事物發展的資訊，時時學習，並且要靈慧變通、創新，若如惠子有蓬之心，不能靈慧變通、創新，則不能謂之逍遙。

　　若再就不可解於心的命與無所逃於天地之間的義來看，人生的逍遙，其實就是務事形態的逍遙，不務事亦包含在務事中，只是鐘鼎山林，人各有志，各安其性而已，選擇不同，仍須務事於所擇的生活。務事與不務事，只是相對而言。而且務事形態的逍遙，是在千轉萬變而不窮的標準上成立的，在這之中若真有所不得已，不能選擇，也當行事之情實而忘己身，使自己身心安適。

　　最後，再來看〈德充符〉中所描述至人務事中的心境：

　　　魯有兀者王駘，從之游者，與仲尼相若。常季問於仲尼曰：「王駘，兀者也，從之游者，與夫子中分魯。立不教，坐不議。虛而往，實而歸。固有不言之教，無形而心成者邪？是何人也？」仲尼曰：「夫子，聖人也，丘也直後而未往耳！……（其用心也），死生亦大矣，而不得與之變；雖天地覆墜，亦將不與之遺；審乎無假而不與物遷，命物之化而守其宗也。……夫若然者，且不知耳目之所宜，而遊心乎德之和。物視其所一而不見其所喪，視喪其足猶遺土也。……彼且何肯以物為事乎！」

教學，即有所務事也。王駘的教學是不言之教，雖無言論教導的行狀，卻使從學者回歸探索、瞭解自己的內心世界，不再外求、不再迷惑於得失成毀，內心飽滿充實，忘卻形骸，〔註62〕可說是使從學者內心自我感悟而自然潛移默化，所以虛往而實歸。

　　王駘亦不因教學而散亂了自己的心志，他遊心於「全德」，〔註63〕與道同在，故天地萬物的聲色、變化，都不會影響其本心，即使是失去一條腿，也當作失落了一塊土，所以不會因世俗的事務而自我勞頓，雖然務事，卻有不務事的從容。

　　再看〈山木〉中北宮奢務事的用心：

　　　北宮奢為衛靈公賦斂以為鐘，為壇乎郭門之外。三月而成上下之縣。王子慶忌見而問焉，曰：「子何術之設？」奢曰：「一之間，無敢設也。奢聞之：『既雕既琢，復歸於朴。』侗乎其無識，儻乎其怠疑；

〔註62〕王叔岷先生說：「不以言語教導，使眾人忘形。」見王叔岷：《莊子校詮》，頁172。

〔註63〕「德之和」，即全德。見王叔岷：《莊子校詮》，頁175。

> 萃乎芒乎，其送往而迎來；來者勿禁，往者勿止；從其彊梁，隨其
> 曲傅，因其自窮。故朝夕賦斂而毫毛不挫，而況有大塗者乎！」

北宮奢替衛靈公募款鑄鐘，不用任何手段，卻在三個月內就完成了上下兩層的鐘架，這當然是很令人驚訝的。原因就在於他使自己心靈達到純一無雜，專注於鑄鐘上，故聽任人民自然行事，不禁來協助者，不止離去者，所以雖然朝夕募款，人民卻無損傷，亦不挫損己心，鑄鐘也得以順利而快速的完成。

就上述可將務事、不務事形態的逍遙做最後的統整瞭解：

1、不論務事、不務事形態的逍遙，基準皆是身心自適，無所執滯，這必
　　須與環境配合，察乎安危，寧於禍福，謹於去就。

2、對於未來，選擇所可選擇的最佳狀況而行，即使在不得已之下亦如是。
　　一旦選擇了，就好好承擔而安然處之。

3、廣義的說，務事可包含不務事，而務事也需有不務事的用心與從容。
　　也就是說，務事與不務事其實不可分。

第四章　生命現存的落實與開展

　　本章將以上一章的討論作爲基礎，更深入探討生活中所必然面對的情感問題及器物運用的問題。

　　第一節「人生之情的落實與安頓」，討論情感問題，人有許多情感，有的虛妄不實，此肇因於人爲的造作、執滯；有的則相當眞實，如骨肉親情，天生而成，這些情感對人的影響都非常重大。如果要安頓生命，必然要對這些情感深加剖析以求理解，理解了才能將之安頓，情感安頓了，生命才能安頓，若不能安頓情感，安頓生命即成空談，空談安頓生命沒有任何意義。雖然莊子對於情感的討論不多，但本文仍試圖將此勾勒出來。

　　第二節「創新開展的科技發展觀」，討論器物的發展是否眞爲莊子所否定，這可以說是承經驗知識、認知活動與眞知相互涵融而來的問題，就「用」的角度來看，經驗知識、認知活動並不被排斥，且與眞知相互涵融，故器物的發展也不該被否定。因此，從〈天地〉篇「有機事者必有機心」所發展出來否定器物發展的觀點，顯然與上述的觀點有了矛盾，必須再回到原典重新討論、疏通。

第一節　人生之情的落實與安頓

　　《莊子・德充符》中認爲人應當「無情」，以成就至人境界。但「無情」的內涵究竟爲何？是否有一統一一貫的觀點？「無情」究竟是如何面對親人之孝、君臣之忠義、友朋之誼？甚至突遭變故、異狀時，無情的至人，就眞的不會有任何情感的動搖嗎？還是自有安頓情感的方法？

　　人生情感必當安頓，情感安頓了才會安適，然而要安頓情感，必當深加剖析以求理解，然後才能加以落實並安頓，如果只是談至人無情、無有私情、不落人情，顯然不能令人瞭解，但若說明成就至人情感的因由，則有助於修養實踐。因此，本文將《莊子》中與情感相關的章節集合起來，雖然這樣的章節甚少，但仍可嘗試作一較為深入的討論，以求知至人的情感內涵究竟是如何，而瞭解了至人的情感內涵，才有助於修養實踐，將情感落實於生活中。

一、無情與親情的調和

　　統整《莊子》中的「情」，可以分為四種意義，一為情實的情，乃是真實、實際、實在的意思，《莊子》中的「情」字意義多屬此類，至於外、雜篇屢屢出現的「性命之情」一詞，實為內篇所無，其意義亦可歸之於情實。一為天性、本性的意思，如〈天地〉：「致命盡情，天地樂而萬事銷亡。萬物復情，此之謂混冥。」這裡的情字，只能做性字解。〔註1〕一為精神之意，精、情古字相通，〈大宗師〉「有旦宅而無情死」即是。〔註2〕一為情感、情識、情意的情，包含孝、忠、友朋之誼、是非之情等等，是人生修養的重點，也將為本節討論的重點，但因章節較少，故結合相關章節，一一討論《莊子》中至人的情感內涵。

　　先看〈德充符〉中無情的意義：

　　　惠子謂莊子曰：「人故無情乎？」莊子曰：「然。」惠子曰：「人而無情，何以謂之人？」莊子曰：「道與之貌，天與之形，惡得不謂之人？」

　　　惠子曰：「既謂之人，惡得無情？」莊子曰：「是非吾所謂情也。吾所謂無情者，言人之不以好惡內傷其身，常因自然而不益生也。」

　　　惠子曰：「不益生，何以有其身？」莊子曰：「道與之貌，天與之形，

〔註1〕徐復觀先生分「情」字為三種意義，一種是情實的情，一種與性字的意義一樣，上文〈天地〉中的說明，正是他的說解。一種是包括一般所說的情欲的情，徐先生以為莊子對此是採取警惕反對的態度，但徐先生又以為莊子以「知」為情，所以要去知，他並未深入討論《莊子》中的情感問題。見徐復觀：《中國人性論史》，頁370～371。

〔註2〕王叔岷先生引劉師培、奚侗之說，以為「情死」應作「死情」，此乃倒書之誤。《淮南子・精神篇》作「有綴宅而無耗精」，言形體雖有轉變，但精神終不減耗。且精、情古通（《荀子・修身》：「術順墨而精雜汙。」楊注：「精當為情。」《呂氏春秋・察賢》：「弊生事精。」《說苑・政理》精做情，並其證。）故「有旦宅而無情死」，意謂形體有轉變，而精神無耗盡。見王叔岷：《莊子校詮》，頁261～262。

　　無以好惡內傷其身。今子外乎子之神，勞乎子之精，倚樹而吟，據
　　槁梧而瞑。天選子之形，子以堅白鳴。」

「道與之貌，天與之形」，故人得以爲人，但這並不是說只有形貌秉受於道，而是說人的一切，連本性、精神生命、情感也都是秉受於道，因此，人的情感原就應當與天地萬物和合。但人既已爲人，自然有人自身的多樣情感，而與道有了區隔。莊子提倡無情，也就是要人能重回與道和合的境界。

　　因此，所謂的無情，不是要人沒有情感、冷血無情，而是要「不以好惡內傷其身，常因自然而不益生」，不因個人的好惡而損傷秉受於道、自然的形體、本性，也不以人爲來增益、造作生命的本眞，因爲增益、造作是過度、傷害生命的行爲，要能因順自然，與道和合。此即〈達生〉所說「達生之情者，不務生之所無以爲」。莊子以「無以好惡內傷其身」抨擊惠子，正是因惠子不秉順自然之性，而偏執於其所好的堅白之論，以致於勞頓精神，形體困累，損傷了秉受於道、自然的形體、本性。

　　至於生而爲人，是否可以有好惡？上文中只講「不以好惡內傷其身」，並未說不能有好惡，而且〈大宗師〉說：「其好之也一，其弗好之也一」，〔註3〕查內篇中僅此二處與好惡有關，可見內篇並未否定好惡之情。外篇〈至樂〉說：「魚處水而生，人處水而死，彼必相與異，其好惡故異也。」魚可以完全在水中生活，人卻不可能如此，這是人跟魚的稟性不同，所以好惡也不同，這也可以證明沒有否定好惡，甚至認爲好惡出於自然，是一種自然分際。林希逸對〈德充符〉此節解釋說：「好惡出於自然而無所著，則無所損益矣。」〔註4〕若是出於自然的好惡而沒有執著，對秉受於自然的本性、形體就沒有傷害。這也可以說明上面〈至樂〉的引文。

　　至於外篇〈刻意〉說：「好惡者，德之失。」又說：「形勞而不休則弊，精用而不已則勞，勞則竭。」顯然是〈德充符〉此節的進一步推論闡釋，但此闡釋乃是著重在「不休、不已」的過度表現上，若無過度的表現，好惡並不失德，所以仍不能以此否定好惡。也就是說，可以有好惡，但不能過度而內傷其身。

〔註3〕　對此語的解釋，歷來皆本成玄英疏：「好與弗好，出自凡情。」但〈大宗師〉
　　　　此段話「其好之也一，其弗好之也一，其一也一，其不一也一。其一與天爲
　　　　徒，其不一與人爲徒」，「其」字的意義應當一致，也就是皆指眞人，成疏顯
　　　　然與此有矛盾，故不取其意。
〔註4〕　見〔宋〕林希逸著，周啓成校注：《莊子鬳齋口義校注》，頁96。

　　人而無情，是因秉受於道，一切行事以道爲依歸，也彰顯道，所以不增益使道有所虧損的行爲：

> 是非之彰也，道之所以虧也。（〈齊物論〉）

> 有人之形，無人之情。有人之形，故群於人，無人之情，故是非不得於身。（〈德充符〉）

> 德人者，居無思，行無慮，不藏是非美惡。（〈天地〉）

道與之貌，天與之形，所以爲人，有人之形，以與人群世俗相處，但無人之情，內心就無是非美惡的成見，無成見則不成爲是非之源，也不陷入是非的爭執。一旦是非彰顯造作，道就有所虧損。就眞人、德人與道同在而言，眞人於道無所虧損，所以眞人不僅不會成爲是非之源，也不涉入是非，不使一般人的是非擾亂自己，超越於是非之外，無是非之情，以成就自然的秉賦，不受人爲的侵擾。

　　當然，此處只以是非爲例說明無人之情，無人之情的意義其實要更開闊。也就是說，一切使道有所虧損的對立，使眞人不能彰顯道的私情，都不藏於眞人的心中，這才是眞正的無人之情。

　　有眞人而後有眞知，那麼眞人之情與知有何關係？〈逍遙遊〉的寓言透露了訊息：

> 肩吾問於連叔曰：「吾聞言於接輿，大而無當，往而不返。吾驚怖其言，猶河漢而無極也；大有逕庭，不近人情焉。」連叔曰：「其言謂何哉？」「曰：『藐姑射之山，有神人居焉，肌膚若冰雪，淖約若處子；不食五穀，吸風飲露；乘雲氣，御飛龍，而遊乎四海之外；其神凝，使物不疵癘而年穀熟。』吾以是狂而不信也。」連叔曰：「然！瞽者無以與乎文章之觀，聾者無以與乎鐘鼓之聲。豈唯形骸有聾盲哉？夫知亦有之。是其言也，猶時女也。」

不只形骸有聾盲，知亦有聾盲，知的聾盲乃因主觀認定而造成，肩吾並沒有體驗神人生命境界的經驗，故以常情、常知主觀斷定接輿之言不近人情，狂而不可信，顯然一般人的認知活動、經驗知識不足以識神人的情感，此亦可見情與知的關係密切。只有神人之知方得識神人之情，知、情統一和諧，在這統一和諧中直與天地萬物爲一，與天地精神交遊往來，看透物情、世情的虛妄，所以不會迷惑於物情、世情。而一般人則因經驗知識、認知活動有所執滯，情感也沈溺於習常所知所見中，所以肩吾聞接輿不近人情之言，即以

為狂而不信，是其執滯於物情、世情。〔註5〕

討論世情，就不能不提到〈人間世〉中的大戒了：

> 天下有大戒二：其一，命也，其一，義也。子之愛親，命也，不可
> 解於心；臣之事君，義也，無適而非君也，無所逃於天地之間。是
> 之謂大戒。是以夫事其親者，不擇地而安之，孝之至也；夫事其君
> 者，不擇事而安之，忠之盛也；自事其心者，哀樂不易施乎前，知
> 其不可奈何而安之若命，德之至也。為人臣、子者，固有所不得已。
> 行事之情而忘其身，何暇至於悅生而惡死！

此則要義已於第三章第二節詳細解說，此處則從另一角度說明。

命與義雖同為大戒，但親情為命、為自然的秉賦，不可解於心，故其情
真實存在。義則為社會生活應然的存在規範，所以王邦雄先生以為義是人間
遇合，可離也。〔註6〕因為客觀的社會環境會變，客觀的生活環境也可以選擇，
當客觀環境變了，應然的規範自然也隨之而變。也就是說，君臣關係會隨著
客觀環境而變化，並非秉受於自然的絕對、必然關係，即君臣關係是可以選
擇的。既然君臣關係可以選擇，君臣之義就不是秉受於自然的自然之情，也
就不是至人之情。〔註7〕〈德充符〉中哀駘它的寓言可以為證，哀駘它是才全
而德不形的至人，與魯哀公無君臣關係，亦無君臣之義，所以當魯哀公命他
為國宰時，他不受君命而選擇離開。

再說明親情的問題。既然引文最主要的目的乃在論說行事之情而忘其
身，安之若命的至德，則事親之論就非主要目的，只是作為自事其心的導論、
比喻。如同〈大宗師〉云：「父母於子，東西南北，唯命之從。陰陽於人，不
翅於父母；彼近吾死而我不聽，我則悍矣，彼何罪焉！」父母之命也只是做
為陰陽之命的導論、比喻，並非最主要目的。此處的陰陽即是造化、道。〈大
宗師〉又言：「彼特以天為父，而身猶愛之，而況其卓乎！人特以有君為愈乎

〔註5〕　此則在第三章第三節已論述，故不費詞於文句的解釋。

〔註6〕　見王邦雄：〈道家思想的倫理空間——論莊子命與義的理念〉，《現代化研究》，
　　　　第 10 期（1997 年 4 月），頁 5。

〔註7〕　「無適而非君」，舊解君為君主，有誤，君當為君命之意，意謂臣子事君之義，
　　　　只要處於天地之間，無論處於什麼境地，都必須完成君命。若君解為君主，
　　　　則君臣即為天生的必然關係，君命當完全接受，沒有選擇的餘地，但〈德充
　　　　符〉哀駘它的寓言顯然就與舊解有衝突。且此則原是因葉公子高「朝受命而
　　　　夕飲冰」，對於君命甚為恐懼而發，故釋「無適而非君」之君為君命，應較為
　　　　恰當。

己，而身猶死之，而況其真乎！」所謂「卓」、「真」，皆指道，也就是至人所體會得的道，道遠遠超越了對君、父之忠、孝，自然也消解了無所逃的義、不可解的命，給出了精神無待的自在空間。〔註8〕且〈知北遊〉云：「子孫非汝有，是天地之委蛻也。」既然子孫為天地造化所委付的蛻變，人間的父母自然亦為天地造化所委付的形體，自不能取代天地、自然造化、道。

至於親子之情是否為仁孝？又如何呈現？〈天運〉說：

> 莊子曰：「至仁無親。」大宰曰：「蕩聞之：無親則不愛，不愛則不孝。謂至仁不孝，可乎？」莊子曰：「不然。夫至仁尚矣，孝固不足以言之。此非過孝之言也，不及孝之言也。」

意謂至仁是最高境界，孝還不足以言之，太宰蕩的理解「無親則不愛，不愛則不孝」，並沒有達到孝的境界，更遑論遠過於孝的至仁，至仁的境界根本是太宰蕩無法理解的。林希逸註解說：「孝不足言者，非不孝也，蓋至於至仁，則孝不待言矣，至仁則在孝之上，過於孝矣。」〔註9〕也就是說，至人的親子之情不僅包含了孝，且在孝之上，孝不足以言之，故不當以孝範圍至人的親子之情。

至於至人的親子之情究竟如何表現，則仍當回到體道者的立場來看，〈大宗師〉中孟孫才的處喪之道提供了很好的視野，與世俗處，外在行為自然依順世情，但內心寧靜不受影響，可於下文討論至人的哀樂之情時一併討論。另外〈天運〉說：「父子相親。」〈則陽〉說：「父子之宜，彼其乎歸居，而一間其所施。」親子之間相親相愛，父父子子、長幼尊卑，各得其所，這一切都是自然而然、毫無虛偽造假的。〔註10〕

但是，若父母之命刻意傷害孩子，孩子是否仍得接受？雖然〈大宗師〉說：「父母豈欲吾貧哉？」〈天運〉也說：「父子相親。」連孩子貧困都不是父

〔註8〕 見王邦雄：〈道家思想的倫理空間──論莊子命與義的理念〉，頁8。

〔註9〕 見〔宋〕林希逸著，周啟成校注：《莊子鬳齋口義校注》，頁 228。另陳鼓應先生也持此說，見《莊子今註今譯修訂本》，頁 383。另「至仁無親」一語，林希逸說：「至仁無親者，言仁主於相親，而不知其所以相親，乃謂仁之至。」可備一說。陳鼓應先生說：「即至仁無私，謂至仁者一視同仁，無所偏愛。《老子》七十九章有『天道無親』，句法相同。〈齊物論〉：『大仁不仁』，句義一致。」亦可通。

〔註10〕 郭象注：「使彼父父子子各歸其所。」見〔清〕郭慶藩編，王孝魚整理：《莊子集釋》，頁 880。林希逸說：「長幼尊卑，各得其宜。」見〔宋〕林希逸著，周啟成校注：《莊子鬳齋口義校注》，頁398。錢穆說：「《論語》：老者安之，少者懷之，即父子之宜，彼其乎歸之義也。」見錢穆：《莊子纂箋》，頁211。

母所願，父母應不至於刻意傷害孩子，甚至傷及孩子生命。但若眞會傷害孩子生命，孩子應如何自處呢？一旦傷害已成，而父母後悔了，父母能「安」嗎？一旦父母不能安心，則顯然與「事其親者，不擇地而安之」相悖了。且一旦傷害已成，是否又讓父母背負了不仁的惡名？推論至此，答案也就呼之欲出了。一旦父母刻意傷害孩子、父母之命違逆天地自然之情，孩子就應當依順天地自然之情，善保性命之眞情。

另一個問題是至人是否有哀樂？這與喪親之痛有關。此處明言「哀樂不易施乎前」，此意同於〈養生主〉「安時而處順，哀樂不能入也」，〈大宗師〉亦有此文，顯然至人無哀樂。但至人果眞無任何樂趣？不是這樣的，〈大宗師〉說眞人「受而喜之，忘而復之」，可說明至人之樂乃秉受造化的天樂，亦可說是天籟，自不同於世俗之哀樂，故說至人無哀樂。

至人既無哀樂，那麼至人又是如何面對喪親的哀痛？〈大宗師〉中孟孫才的處喪之道很特別：

> 顏回問仲尼曰：「孟孫才，其母死，哭泣無涕，中心不戚，居喪不哀。無是三者，以善處喪蓋魯國，固有無其實而得其名者乎？回壹怪之。」
> 仲尼曰：「夫孟孫氏盡之矣，進於知矣，唯簡之而不得，夫已有所簡矣。孟孫氏不知所以生，不知所以死。不知就先，不知就後。若化爲物，以待其所不知之化已乎。且方將化，惡知不化哉？方將不化，惡知已化哉？吾特與汝，其夢未始覺者邪！且彼有駭形而無損心，有旦宅而無情死。孟孫氏特覺，人哭亦哭，是自其所以乃。」

此藉孟孫才處喪，說明至人面對親人變故時，雖然外在的行爲依順世情、同於眾人，但內心仍保持寧靜。孟孫氏的「覺」與一般人不同，他的「覺」是瞭解生死一如的道理，故終始變化都忘懷，既然忘懷終始變化，則生死、先後自然也不再係念，只是隨順大化，以待未來的變化。對造化既無志求，則不論化不化，都不會影響其精神的恒定。所以形骸縱有更改，心靈亦無損減，形體縱有轉變，精神亦無耗盡。〔註11〕

孟孫氏雖然瞭解生死一如的道理，但並不遺世而獨立，仍與世俗處，行爲與世俗相宜，所以居喪時「人哭亦哭」，並不異於一般人，這才眞是體道者的行徑。但雖是「人哭亦哭」，卻因瞭解大化流行，生死一如的道理，所以心中不悲戚，居喪不哀。

〔註11〕見王叔岷：《莊子校詮》，頁 262。

綜上所述可以得到幾則意義：

1、至人有情，其情秉受於自然。換句話說，至人亦為人，即有人秉受於
自然的秉賦，故有親情，有秉受於自然的好惡。但至人的親子之情在
孝之上，孝不足以言之，故不當以孝範圍至人的親子之情。而至人秉
受於自然的好惡，乃是一種自然分際，不是個人私情偏頗的好惡，但
好惡亦有其限度，其限度是不可傷身。

2、至人有情，但至人之情仍然消融在自然大化中，故應物而無累於物。
也就是說，至人之情秉受於自然，也一樣隨順自然大化，不會刻意造
作，不生私情私愛而有所執滯，亦不妄生喜怒哀樂。

3、至人雖有親情，行為也與眾人相宜，但不因此而執滯。一旦因親情而
有所執滯，即非天地之大仁，亦非至人。〔註12〕

4、君臣之義是因君臣關係而產生的，但君臣關係不是秉受於自然，而是
人間的遇合，既然君臣關係只是人間的遇合，則可加以選擇，故君臣
之義不是自然之情，既然君臣之義不是自然之情，至人當然不會執滯
於此。

5、至人之樂乃秉受造化的天樂，亦可說是天籟，自不同於世俗之哀樂，
故說至人無哀樂，即便應物之時，亦無哀樂。不論是面對一般所謂的
得失、或事件直接發生於自己身上，至人都一樣隨順大化，以觀化、
物化的態度待之，〔註13〕而享天樂。

6、至人本身不會是是非之源，也不涉入是非。一般人的是非也擾亂不了
至人，至人超越於是非之外。

當然，討論至人之情不能不提提前文所討論過的，所有事之變、命之行、
人所不得與的、知之所無奈何的、能力所不及的，凡此種種，至人皆不會執
滯而有所強求，坦然接受，不使心志動搖，順其自然，不生世俗得失之哀樂，
以成就自然的秉賦。

二、情感的搖蕩與關懷

《莊子》承認至人有情，至人的形貌、精神生命、情感皆秉受於自然，

〔註12〕〈大宗師〉：「有親，非仁也。」
〔註13〕徐復觀先生說：「自身以外的化，莊子採取『觀化』的態度。化及己，則採取
『物化』的態度。」見徐復觀：《中國人性論史》，頁392。

而與天地萬物爲一，與天地精神交遊往來，不是一般人執滯的常情。但如此開闊、雄健、恆常、穩定的情操，果眞不受人間變故、異狀的影響嗎？若受其影響，又當如何？

〈大宗師〉中以寓言表達造化及於至人時的至人心境：

> 俄而子輿有病，子祀往問之。曰：「偉哉夫造物者，將以予爲此拘拘也！曲僂發背，上有五管，頤隱於齊，肩高於頂，句贅指天。」陰陽之氣有沴，其心閒而無事，跰𨇤而鑑於井，曰：「嗟乎！夫造物者又將以予爲此拘拘也！」

子輿、子祀都是至人。當子輿面對造化及於己身時，他仍然心閒而無事，寧定平靜的面對，一副「安時而處順，哀樂不能入也」的模樣，果然是有著開闊雄健、恆常穩定情操的至人。〈至樂〉中也說：「觀化而化及我，我又何惡焉！」〔註14〕是同樣的意義。

但至人的情操是否在任何時刻都能沒有絲毫的變化？尤其當災禍突發於眼前，五官、四體不全時，眞能不動情感嗎？〈養生主〉中的公文軒就有不一樣的應對，提供了不同的思考方向：

> 公文軒見右師而驚曰：「是何人也？惡乎介也？天與？其人與？」曰：「天也，非人也。天之生是使獨也，人之貌有與也。以是知其天也，非人也。」

介，一足。〔註15〕「人之貌有與也」，意謂人的形貌是天所賦與的。〔註16〕這寓言裡的公文軒象徵至人，公文軒見右師，先驚疑他爲何只有一隻腳，而後自悟自答，〔註17〕不論是天生的或是人爲的，皆歸之於天所賦與。〔註18〕也

〔註14〕〈至樂〉：支離叔與滑介叔觀於冥伯之丘，崑崙之虛，黃帝之所休。俄而柳生其左肘，其意蹶蹶然惡之。支離叔曰：「子惡之乎？」滑介叔曰：「亡，予何惡！生者，假借也；假之而生生者，塵垢也。死生爲晝夜。且吾與子觀化而化及我，我又何惡焉！」

〔註15〕見〔清〕宣穎：《莊子南華經解》卷一。

〔註16〕見陳鼓應：《莊子今註今譯修訂本》，頁 110。

〔註17〕〔明〕憨山（釋德清）註：「復自應之曰。」見憨山（釋德清）：《老子道德經憨山註・莊子內篇憨山註》（臺北：新文豐出版公司，1993 年），頁 287。張默生也說：「此『曰』字，非右師答語，乃公文軒驚疑後自悟之語。……因對殘廢之人，不應直揭他的短處。」見張默生：《莊子新釋》（臺北：漢京出版社，1983 年），頁 94～95。

〔註18〕林希逸說：「此意蓋謂人世有餘不足，皆是造物，雖是人做得底，也是造物爲之，蓋欲人處患難之中，亦當順受之也。」見林希逸：《莊子鬳齋口義校注》，

就是說，當至人見到不同於平常習見的情形，也可能會先驚疑，先有反應，然後才回復到對大化的理解，但從驚疑到回復是非常快的，至少比一般人快。〔註19〕

　　這裡另外有個問題。理解了上述的道理，其實是可以不用說的，既然至人不求名利，理解了的道理放在內心裡就可以了，但為何公文軒要說出來，或者說為何莊子要將這些寫出來，而且還刻意的以卮言、重言、寓言交錯？這可不可能是一種教導？觀〈養生主〉秦失弔老聃時對其弟子的解說，不正是一種言論的教導嗎？《莊子》整部書不也可當作是一種言論的教導嗎？〈寓言〉又說：「言無言，終身言，未嘗言；終身不言，未嘗不言。」意謂只要是沒有主觀成見的言論，即使終身說話，卻像不曾說；即使終身不說話，卻也未嘗不在說話。也就是說，只要是沒有主觀成見的言論，說與不說都有其同樣深刻的意義，也都有可能是一種教導。若此，能說是無情嗎？能說是有情嗎？有情、無情又如何界定？似乎有情、無情都無法加以說明。這些且先放下，回到原點來看，至人之情消融在自然大化中，與道合一，依造化而行，原就不是有情、無情所能範圍、界定的，故至人之情可以「至情」稱之，至情尚矣，有情、無情都不足以言之。

　　回頭來看人間的禍福，看莊子如何處於亂世。〈人間世〉說：

> 孔子適楚，楚狂接輿遊其門曰：「鳳兮！鳳兮！何如德之衰也！來世不可待，往世不可追也。天下有道，至人成焉；天下無道，至人生焉。方今之時，僅免刑焉。福輕乎羽，莫之知載；禍重乎地，莫之知避。已乎已乎，臨人以德！殆乎殆乎，畫地而趨！」

接輿對孔子的評論，正好呈現《莊子》一書對於亂世的態度。〈天地〉篇也說：「天下有道，則與物皆昌；天下無道，則脩德就閒。」天下無道，則修德全生，若在此時仍「臨人以德」，到處向人宣揚仁義道德，要人實行，那就是「福輕乎羽，莫之知載；禍重乎地，莫之知避」，是畫地而趨的危殆行為。這與上文〈德充符〉中莊子批評惠子「外乎子之神，勞乎子之精」的行為一樣，都是以個人的好惡而內傷其身。也就是說，至人處於亂世，則必修德全生，而

頁53。

〔註19〕回復的時間無法從語言上定義，所以只能說比一般人快。因為回復時間涉及
　　　　體道實踐進程、思慮的快慢、情感的動盪程度……等等，各人的情況都不同，
　　　　所以有不同的回復時間，但因其對大化有透徹的理解，故從驚異動盪中回復
　　　　會比一般人快。

非畫地自趨，讓自己因個人好惡而投入危險的境地，因爲還死守著人爲形跡不放，並非眞正的因順自然，不是與天地精神、造物者遊。

修德避禍是應該的，但若禍患已及於自己，又當如何呢？且看〈德充符〉的無趾現身說法：

> 魯有兀者叔山無趾踵見仲尼。……無趾曰：「吾唯不知務而輕用吾身，吾是以亡足。今吾來也，猶有尊足者存，吾是以務全之也。」

藉無趾說明：縱使身受刑害，猶有比足、比形體更尊貴的自然秉性存在。既然自然秉性猶存，則當坦然接受失足的事實，以善加涵養保全自然秉性，使與道合，這才是最重要的。若沈溺於喪足、形體之痛，則連自然秉性亦將告淪喪，不復享自然之樂。

當大化及於己，也當通達生命、造化的道理。但若大化及於自己的親人，也眞能如此釋懷嗎？上文〈大宗師〉中的孟孫才是至人形象，處母喪時，也的確頗能釋懷。但在〈至樂〉中莊子現身說法了：

> 莊子妻死，惠子弔之，莊子則方箕踞鼓盆而歌。惠子曰：「與人居，長子老身，死不哭亦足矣，又鼓盆而歌，不亦甚乎！」莊子曰：「不然。是其始死也，我獨何能無概然！察其始而本無生，非徒無生也而本無形，非徒無形也而本無氣。雜乎芒芴之間，變而有氣，氣變而有形，形變而有生，今又變而之死，是相與爲春秋冬夏四時行也。人且偃然寢於巨室，而我噭噭然隨而哭之，自以爲不通乎命，故止也。」

莊子妻死，莊子仍先有慨嘆，而後以理化情，將人的生命變化歸之於如同春秋冬夏四時的運行，是自然所賦予的，然後才停止慨嘆，頗似於上文〈養生主〉的公文軒以理化情，但以氣的變化說明得更爲詳細。此則在《莊子》氣化論上有很重要的意義，但究其章旨，首要意義仍在強調「通乎命」，而非強調氣的變化，氣化論亦非本文的重心，所以此處不深論氣化的意義。

以〈養生主〉的公文軒對照，可見只要能通達生命、造化的道理，如公文軒簡單直截的體悟也可以，不一定得以較爲繁複的氣化來做說明，來求通乎命。當然，若不能如公文軒簡單直截的體悟，而要以氣化的道理來「通乎命」，甚至以更爲繁複的道理來求「通乎命」，也未嘗不可。

綜上所述可以推論出幾點意義：

1、至人之情可以「至情」稱之，至情是知、情結合統一的智慧情感，直與道爲一，當它是有情也好、無情也罷，其實無須加以界定。因爲至

情尚已，有情、無情固不足以言之。

2、一旦遭逢變故，或遭逢形體上的缺陷，則歸之於自然，容或不能接受，則亦可以「猶有尊足者存」的觀念引導，以務全自然秉性。

3、當突然遭逢變故，不同於習常，體會大化者也可能有所驚疑，有所慨嘆，但回復的速度畢竟是比一般人快。這雖不能如〈大宗師〉所言：「得者，時也，失者，順也；安時而處順，哀樂不能入也。」但〈大宗師〉的話仍不失為原則。

4、當處於亂世，客觀環境的混亂中，自然之情已失。當自然之情已失，就只剩下人為的形跡，則當修德全生，若還死守著這些人為形跡不放，則是畫地自趣，必陷於危殆。

5、加入上文對父母親情的討論，就「父子相親」、「父母豈欲吾貧哉？」來看，父母應不至於刻意傷害孩子生命，但若父母之命真會傷害孩子生命，未免傷害已成、無法補救，因而使父母陷於悔恨、不安中，甚至背負不仁的罪名，孩子固然有所不得已，也應該「行事之情」，保護自己，修德以就其間，以使父母不會造成無可彌補的悔恨、不安。此時保護自己，並非是不能「忘其身」，反而該說是忘卻自身毀譽而求父之安。也就是說，雖有親子之情，但行事卻須斟酌。這並非不孝，孝尚不足以言之。

可見莊子並非不注意人間實況，也不是模糊這些情感焦點，而是清清楚楚的深切分析，以理化情。當然，對於至人來說，以理化情是行得通的，對於一般人就不一定了，但〈大宗師〉：「得者，時也，失者，順也；安時而處順，哀樂不能入也。」仍不失為原則。如果以理化情真行不通，莊子或許是聽任這人自行發展，或許是說：「天刑之，安可解？」（〈德充符〉）

三、友情的勾勒

人生除了親情之外，與人相處也會發展出友情，這也是影響人情感的要素，不能避之不理解、不安頓。因此本文進一步探討《莊子》中至人的友情觀，以求知至人如何落實並安頓友情。

《莊子》中提及友情的篇章也同樣不多見，甚至提及時也不多說，但從精神境界方面立論的觀點卻非常明確。顯然莊子的友情觀很特別，不同於一般人的交遊習慣，卻仍可見《莊子》中統一一貫的情意觀。以下就來看至人

的友情觀是如何特別，〈大宗師〉說：

> 子祀、子輿、子犁、子來四人相與語，曰：「孰能以無爲首，以生爲
> 脊，以死爲尻；孰知死生存亡之一體者，吾與之友矣！」四人相視
> 而笑，莫逆於心，遂相與爲友。
>
> 子桑戶、孟子反、子琴張三人相與語曰：「孰能相與於無相與，相爲
> 於無相爲？孰能登天遊霧，撓挑無極，相忘以生，無所終窮？」三
> 人相視而笑，莫逆於心，遂相與爲友。

這裡提出「友」的標準。子祀、子輿、子犁、子來四人皆爲至人。朋友是可以
選擇的，選擇朋友就須有標準，至人提出的標準是「以無爲首，以生爲脊，以
死爲尻；孰知死生存亡之一體者」，王夫之說：「首、脊、尻，一體也。」〔註20〕
意謂生死存亡、有無，皆爲一體。也就是說，至人提出的朋友標準是：要與自
己的精神境界相當，要與大化爲一，如此才能莫逆於心，相與爲友。

子桑戶、孟子反、子琴張三人也是至人，三人的精神境界相當，故成莫
逆。「相與於無相與，相爲於無相爲」，形容相交出於無心自然，無所求，相
助亦出於無爲自然，不著形跡，亦無所求。「登天遊霧，撓挑無極」，形容逍
遙物外，動於無極。「相忘以生，無所終窮」，形容忘懷生死，與道同遊，無
窮無盡。此皆是形容心境、境界。可見《莊子》書中以爲只有精神境界相當，
才堪爲友，才堪相與交遊。

這兩則寓言都體現了同一意義，表面上是說明至人選擇友朋的對象，但
實際上是說人的精神生命、本性、情感都秉受於道。既然秉受於道，人的情
感就應當與天地萬物和合，故選擇友朋時，友朋的境界須與至人的境界相同，
而這也是《莊子》一貫統一的情意觀之呈現。〈養生主〉中老聃與秦失的友朋
關係，也同樣體現了這一意義，所以當老聃死後，秦失對老聃弟子的教誨才
會強調「適來，夫子時也；適去，夫子順也。安時而處順，哀樂不能入也，
古者謂是帝之縣解。」身爲老聃的朋友，秦失的教誨實際上也呈現了《莊子》
一貫統一的情意觀。

所以〈天下〉論莊子的行止，說：

> 獨與天地精神往來，而不敖倪於萬物。不譴是非，以與世俗處。……
> 上與造物者游，而下與外死生無終始者爲友。

〔註20〕見王夫之：《莊子通・莊子解》，頁64。

「與天地精神往來」，意同於「上與造物者游，而下與外死生無終始者爲友」，此皆意謂至人（莊子）與自然造化爲友、與體道者爲友，至人的精神境界就是天地大化的精神，因此至人之間的交遊，仍是與天地精神往來。這可看做是至人友情的標準。

至人與世俗處時，不敖倪於萬物，也不譴是非。不譴是非，並不是因爲要與世俗處，而是至人之性原就如此。上文已說明至人不會是是非之源，也不涉入是非，當然不會是爲了與世俗處，才不譴是非。

友情的標準在技藝的搭配上有相似的情況，〈徐無鬼〉載惠子死，莊子過其墓事：

> 莊子送葬，過惠子之墓，顧謂從者曰：「郢人堊慢其鼻端若蠅翼，使匠人斲之。匠石運斤成風，聽而斲之，盡堊而鼻不傷，郢人立不失容。宋元君聞之，召匠石曰：『嘗試爲寡人爲之。』匠石曰：『臣則嘗能斲之。雖然，臣之質死久矣。』自夫子之死也，吾無以爲質矣，吾無與言之矣！」

陸西星說：「匠石之技可謂精絕矣，然非有立不失容之郢人，則匠亦無所施其巧者。」〔註21〕意即「質」與施其巧者同等重要，匠石失去郢人，故不能施其巧，若郢人失去匠石，亦不能顯其從容，所以甚至可說是相與爲「質」，若缺其一，即不能進一步發揮其才華秉賦。莊子失去惠子，正如匠石失去郢人，莊子失去言論上可以相互匹敵、相互引發的人，精妙的言論也就止息了。但若以〈德充符〉中惠子、莊子的對話來看，惠子曰：「人而無情，何以謂之人？」「既謂之人，惡得無情？」「不益生，何以有其身？」惠子的生命境界顯然與莊子差異極大，莊子甚且批評惠子「外乎子之神，勞乎子之精」，可見惠子並不是莊子的知己，只是其言論的敵手。

綜上所述可知：

1、至人擇友的標準乃在於，如自己一般與大化爲一，也就是說，至人是與自然造化爲友。自然大化是至人的根本，也是至人的表現，若要使至人在交遊中莫逆於心，無所執滯，則至人的朋友也需如此，也就是要至人才行，如此才會莫逆於心，無所執滯。

2、至人的交遊出於無心自然，無所求，相助亦出於無爲自然，不著形跡，沒有強求或貪求，當然就沒有利益得失的糾葛，也不會是尋求精神、

〔註21〕見陸西星：《南華眞經副墨》，頁891。

情感的依靠，更不會是要求形影的陪伴。

3、就當下生命的才華秉賦來說，交遊也是互以爲「質」，而進一步發揮其自身的才華秉賦，若失其一，自身的才華秉賦也就不能進一步發揮了。反過來說，一旦所交非人，其實也就是對才華秉賦的傷害。

至人的友情標準是與自然造化爲友，與自然造化相合的人，這顯然是很嚴苛的，但以其所體會的精神、所表現的行爲來看，其實也只有這種標準才能讓他展現自然造化的精神，本身就是「充實不可以已」，當然也就圓滿，不需要精神的慰藉、情感的依靠、形影的陪伴，若是以這些爲基礎而發展出來的友情，在得失之間都會有所執滯。

第二節　創新開展的科技發展觀

時代不斷往前發展，而時代的發展必然帶動器物、科技文明的發展，要人廢棄這一切器物、科技文明而後退到原始的狀態，顯然是不太可能的，且以「乘物以遊心」（〈人間世〉）的思想來看，《莊子》一書眞的是宣揚廢棄器物運用嗎？

若從外篇來了解《莊子》的科技觀點，如〈馬蹄〉「殘樸以爲器，工匠之罪也」，〈天地〉漢陰丈人所說的「有機械者必有機事，有機事者必有機心」，就必然會以爲《莊子》否定科技器物的發展。

但《莊子》書中的概念眞是如此嗎？若從內篇來看，恐怕就不是如此了，〈逍遙遊〉中批評惠施拙於用大、有「蓬之心」，〈人間世〉說「乘物以遊心」，顯然並沒有否定科技器物的發展，況且〈天地〉中漢陰丈人寓言的意義，是否眞的是因爲機心的生發而鼓吹廢除「機械」，也頗值得重新討論，由此也可見外篇中否定科技器物發展的觀點是否爲內篇思想的歧出。

《莊子》的科技器物觀點，其實與道、眞知有密切的關係。第三章第三節說明《莊子》一書並不排斥經驗知識、認知活動，且認爲經驗知識、認知活動與眞知相互涵融，相互發展。承續此發展的就是「用」的問題，要能用得適當，或更爲適當，器物的發展就不該被否定。故只有體道之士、無蓬之心，對客觀知識採取了眞知的開放敞開態度，「了解知識的對象，知識的性質」，「了解物物之間的對待關係」，〔註22〕才能瞭解「無用之用」的重要，跳

〔註22〕見陳鼓應：《莊子哲學》（臺北：臺灣商務，1976年），頁88。

脫習常思考，而得創新的大用、妙用，使器物用得更為適當，甚至進一步要求器物、科技文明當不斷創新發展，為人提供更好的生活。因此，從〈天地〉中「有機事者必有機心」所發展出來否定器物發展的觀點，也必須重新加以討論、疏通。

因此本節將試就道與器物的關係先進行說明，進而討論「用」的觀點，最後，再嘗試就《莊子》的「大用」，提出器物發展的觀點，以見《莊子》的科技器物觀點，從批評惠施拙於用大、有蓬之心出發，發展而為反對機心，肯定器物發展，有其一貫的立場。

一、根源於道的器物發展

〈齊物論〉莊周夢蝶在「化」境中，仍以為「周與胡蝶，則必有分矣」，〔註23〕蝶與莊周仍有其自然之分。〔註24〕這不止可見《莊子》極重視差別性，亦見莊周與胡蝶皆是道、造化所現，亦即自然之分是道、造化所為，若否定自然之分，即等於否定道、造化。

既然自然之分是必然的，而〈知北遊〉說道「在螻蟻」、「在瓦甓」、「在屎溺」、「無所不在」，〔註25〕則螻蟻、瓦甓、屎溺、所有事物，也一樣呈現出自然之分。且既然人為的瓦甓也能呈現出道的意義，與天然之物無異，則不論是大化天然所成，或是人為所成，只要是現實存在的一切，都應當是道的展現。因此，器物就不該被排除在外，器物也應當是道的展現。由此，可以再進一步探討道與器物的關係，〈齊物論〉說：

> 物固有所然，物固有所可。無物不然，無物不可。故為是舉莛與楹，
> 厲與西施，恢詭譎怪，道通為一。其分也，成也；其成也，毀也。
> 凡物無成與毀，復通為一。唯達者知通為一，為是不用而寓諸庸。

〔註23〕〈齊物論〉：「昔者莊周夢為胡蝶，栩栩然胡蝶也，自喻適志與！不知周也。俄然覺，則蘧蘧然周也。不知周之夢為胡蝶與，胡蝶之夢為周與？周與胡蝶，則必有分矣。此之謂物化。」

〔註24〕王叔岷先生說：「莊周與胡蝶，各有其自然之分。各有其自然之分，則在覺適於覺，在夢適於夢矣。」見《莊子校詮（上）》，頁96。

〔註25〕東郭子問於莊子曰：「所謂道，惡乎在？」莊子曰：「無所不在。」東郭子曰：「期而後可。」莊子曰：「在螻蟻。」曰：「何其下邪？」曰：「在稊稗。」曰：「何其愈下邪？」曰：「在瓦甓。」曰：「何其愈甚邪？」曰：「在屎溺。」東郭子不應。莊子曰：「夫子之問也，固不及質。正獲之問於監市履狶也，每下愈況。汝唯莫必，無乎逃物。」

庸也者，用也；用也者，通也；通也者，得也。適得而幾矣。因是
已，已而不知其然，謂之道。

此則所說的物，是指大化之下所有的物，所以器物也包括在內。物皆有所然、所可，此因至人以「虛靜心」觀照萬物，萬物都呈現出獨特的存在意義，至人亦由此建立起萬物平等的「齊物」觀。〔註26〕換句話說，《莊子》書中明確承認物的自然之分，承認事物的差別性，並認為這來自天然的稟性有別，不能混淆。這樣才能「名止於實，義設於適」（《至樂》），名實相符，事理的施設才能適合事物各自的性情。〔註27〕

「其分也，成也；其成也，毀也。凡物無成與毀，復通為一」，意謂不論分、成、毀，任何形式的物，從道的觀點來看都是一樣的，因為這些都是道的展現。所以至人對於器物沒有成見，而著重在器物的功用上，以求得事物各自的性情。所以徐復觀以為「寓諸庸」，即是從用的角度來看物，物各有其用，使物各得其用，則物各得其性而歸於平等，〔註28〕物歸於平等，則物齊矣。

此處必須再說明的是，物的齊物與人的齊物不同，此因人有自覺，能以修養實踐不斷提升精神境界以至於真人齊物，而物並無自覺能力，亦無修養實踐之功，所以僅能以各得其用來說明齊物。

物不僅功用不同，而且物會隨大化而變化，當物變化之後，功用也隨之不同，〈大宗師〉說：

偉哉造化！又將奚以汝為，將奚以汝適？

浸假而化予之左臂以為雞，予因以求時夜；浸假而化予之右臂以為彈，予因以求鴞炙；浸假而化予之尻以為輪，以神為馬，予因以乘之，豈更駕哉！且夫得者，時也，失者，順也；安時而處順，哀樂

〔註26〕見林聰舜：〈論莊子的「小大之辯」與「齊物」及其關係〉，《漢學研究》，第5卷第2期（1987年12月），頁392。

〔註27〕見徐小躍：《禪與老莊》，頁185～187。

〔註28〕徐復觀先生說：「莊子不從物的分、成、毀的分別、變化中來看物，而只從物之『用』的這一方面來看物。從『用』的這一方面來看物，則物各有其用，亦即各得其性，而各物一律歸於平等，這便謂之『寓諸庸』。寓諸庸，即是從物的用來看物。秋水篇『以功觀之，因其所有而有之，則萬物莫不有。因其所無而無之，則萬物莫不無（按此係說在能力上之平等）。知東西之相反而不可以相無（按此係言效用上之平等），則功分定矣』按秋水篇之所謂『功』，即齊物論之所謂『庸』；『以功觀之』，即『寓諸庸』。」見《中國人性論史》，頁402～403。

不能入也。

大化將一物化爲另一物，如化左臂爲雞、化右臂爲彈等，都沒有一定的規律，也不一定假借何物之手，讓人捉摸不著，但在這些變化之中，人卻可以加以運用，如以雞報曉、以彈求鴞炙。當然面對這些得失變化時，最重要的是安時處順，不要有人爲的哀樂參雜其間，畢竟一旦人爲的安樂參雜其間，人的心神也就隨物浮沈，而失卻創造力了。只有不參雜人爲的哀樂，才能不受限於物，進而參透物的本質，如此才能「乘物以遊心」（〈人間世〉），才能「物物而不物於物」（〈山木〉）。〔註29〕

當然化爲雞、化爲彈只是一個比喻，也可能化爲他物。以雞報曉、以彈求鴞炙也是比喻，也可以雞、以彈爲他事，並沒有一定的限制。若從此處著眼，新的運用就會產生，新的運用又可能導致新的器物發明，以求能更適切、更方便、甚至更精準的運用，而一旦新的器物產生就可說是器物發展了。

且上文已經說明，凡是現實存在之物，皆是道的展現，則不論爲自然所成，或是假手於人，皆歸之於道、大化所成，所以人爲的器物，如瓦甓，亦當是道、大化的展現，亦是道、大化所成。所以〈知北遊〉中東郭子問道的所在，莊子回答：「在瓦甓。」王安石在〈老子〉一文中更明確指出：

> 道有本有末，本者，萬物之所以生也；末者，萬物之所以成也。本者出之自然，故不假乎人之力，而萬物以生也。末者涉乎形器，故待人力而後萬物以成也。……夫轂輻之用，固在於車之無用，然工之琢削未嘗及於無者，蓋無出於自然之力可以無與也。今之治車者，知治其轂輻而未嘗及於無也，然而車以成者，蓋轂輻具，則無必爲用矣。如其知無爲用，而不治轂輻，則爲車之術，固已疏矣。今知無之爲車用，無之爲天下用，然不知所以爲用也。故無之所以爲車用者，以有轂輻也，無之所以爲天下用者，以有禮樂刑政也，如其廢轂輻於車，廢禮樂刑政於天下，而坐求其無之爲用也，則亦近於愚矣。〔註30〕

〔註29〕 張利群說：「莊子對物的兩種態度『物物』和『物化』是對物的完整認識，是相輔相成、互爲補充地統一爲一體的。」這是正確的，但以爲「要達到『物化』境界，就必須以『物物』作爲手段，使異化之物、世俗名利之物改造爲自然無爲之物。」則似乎有倒果爲因之嫌，畢竟得先達到「以和爲量，浮遊乎萬物之祖」（〈山木〉），也就是「物化」的境界，才能「物物而不物於物」。見《莊子美學》（桂林：廣西師範大學出版社，1992 年），頁127。

〔註30〕 見王安石：《王臨川文集》（臺北：鼎文，1979 年），頁 431。

正因爲涉乎形器，所以必待人力才能完成，若無人力施設，又豈有瓦甓的產生？若無轂輻的製作，又豈有車之用？可見器物的生成發展原就可以操之在人，而非執著於「無」，而器物的製作發展既然可以操之在人，就不會說停就停，也不能空言毀棄，而回到一無所有的世界。

又譬如以雞報曉，而後來發明鐘來報曉，且可以在任何要求的時間提醒人，又發明手錶以利攜帶，以求時效，甚至結合諸多功能於一器物上，使運用更加簡易、便利、多樣。這就是器物不斷生成發展的結果，亦可歸之於大化所成。大化不會停止，器物發展也不會停止。而人當乘物遊心，悠遊於大化中，創造發展的能力亦將提升。

王安石解說《老子》是否正確，非本文論述要點，可不述評，但其論形器的觀點卻頗值得注意。

乘物遊心，則人爲器物的創造、製作亦能巧奪天工，〈達生〉說：

> 梓慶削木爲鐻，鐻成，見者驚猶鬼神。魯侯見而問焉，曰：「子何術以爲焉？」對曰：「臣工人，何術之有！雖然，有一焉。臣將爲鐻，未嘗敢以耗氣也，必齊以靜心。齊三日，而不敢懷慶賞爵祿；齊五日，不敢懷非譽巧拙；齊七日，輒然忘吾有四枝形體也。當是時也，無公朝，其巧專而外滑消；然後入山林，觀天性；形軀至矣，然後成見鐻，然後加手焉；不然則已。則以天合天，器之所以疑神者，其是與！」

此說明器物之所以被疑爲神工的原因。製作器物之前，內心必先齋戒靜心，〔註 31〕不敢耗費神氣，不敢懷慶賞爵祿、非譽巧拙，而後忘四肢形體，回復到個人完全秉受於自然，沒有人爲刻意的狀態。故「巧專而外滑消」，技巧專一，外擾消失，這是技進於道的境地，也是心齋齊物的逍遙之境。而後才「觀天性」，以自己虛靜的自然天性觀察樹木的自然質性，見「形軀至矣」，質性、形貌精妙可以爲鐻的樹木，〔註 32〕然後成見鐻，恍如見一成鐻在目，

〔註 31〕徐復觀先生說：「從工夫的過程上講，所說的『聖人之道』，其內容不外於人間世所說的『心齋』；實同於梓慶所說的『必齊以靜心』。」見徐復觀：《中國藝術精神》，頁 56。顏崑陽先生論心齋、坐忘爲藝術主體的精神修養，即所謂「齊以靜心」。見顏崑陽：《莊子藝術精神析論》（臺北：華正，1985 年 7 月），第四章。鄭峰明先生也將「齊以靜心」的工夫與心齋、坐忘並論，以爲這種工夫固是莊子的體道工夫，也是藝術觀照的歷程。見鄭峰明：《莊子思想及其藝術精神之研究》（臺北：文史哲，1987 年 10 月），頁 116～118。

〔註 32〕成玄英疏：「形容軀貌至精妙，而成事堪爲鐻者。」見郭慶藩編，王孝魚整理：

〔註33〕才取以製作、創造，這就是「以天合天」，主客合一、自然天成的創造，如此創造自然令人驚若神工，讚嘆不已。林希逸說：「以我之自然，合其物之自然。」〔註34〕王先謙說：「以吾之天，遇木之天。」又說：「此言順其性則工巧若神，乖其性則心勞自拙。」〔註35〕都指出器物製作的最高境界，不僅要求功用，更要求其自然天成。

綜上所述可以推論：

1、就物的功用一面來看，物各有所用，即各得其性，各物一律歸於平等。也就是說，不論分、成、毀，只要能各得其用，物皆歸於平等，一切物皆可說是道的展現。〔註36〕

2、器物已成，即為事實存在之物，事實存在之物即為道的展現，也就是說，不論器物是人為刻意所成就，或以天合天所成就，皆歸於道之所成，道所展現。既然器物的變化可假借於人來完成，而人又可以加以變化運用，如此，就可能產生器物的創新發展，而器物的創新發展亦為道的展現。

3、就器物的運思創作來說，以人為刻意心態所成之物，不若以「以天合天」所成者，但以人為刻意心態所成之物並非就無任何功用，或無任何意義。「以天合天」所成者亦不止於功用一面，且得其工巧，自然天成，這是技進於道的結果，是器物製作的最高境界。

道與器物的關係並非限定於一物、一用上，而是如〈山木〉所言：「處夫材與不材之間，……與時俱化，而無肯專為。」人自處於道，與道、與時俱化，亦使器物與道、與時俱化，不斷發展。也就是說，在這些器物的變化中，人也能成為大化假手的對象，去進行器物的變化發展，而所有器物，歸於道之所成、所展現。至於器物製作的最高境界，則在於以天合天，自然天成。

《莊子集釋》，，頁 660。

〔註33〕宣穎說：「恍乎一成鐻在目。」見宣穎：《莊子南華經解》卷四。徐復觀先生說：「此時他所要創造的鐻，不在外而在他精神之內。……而此精神中之鐻，又係客觀之木之可以為鐻者，毫無歪曲地進入於虛靜之心的『表象』。」見徐復觀：《中國藝術精神》，頁 127。

〔註34〕見林希逸著，周啟成校注：《莊子鬳齋口義校注》，頁 296。

〔註35〕見王先謙：《莊子集解》，頁 164。

〔註36〕徐復觀先生說：「物之用，即是道在物身上的顯現。」徐復觀：《中國人性論史》，頁 402。

二、無所可用──「道」的創新精神

　　若器物能各得其用，則器物各得其性而歸於平等，所以器物的發展也著重在功用上，這與「無所可用」的概念密切相關。〈逍遙遊〉說：

> 惠子謂莊子曰：「吾有大樹，人謂之樗，其大本擁腫而不中繩墨；其小枝卷曲而不中規矩，立之塗，匠者不顧。今子之言，大而無用，眾所同去也。」莊子曰：「子獨不見狸狌乎？卑身而伏，以候敖者；東西跳梁，不辟高下；中於機辟，死於網罟。今夫斄牛，其大若垂天之雲。此能為大矣，而不能執鼠。今子有大樹，患其無用，何不樹之於無何有之鄉，廣莫之野，彷徨乎無為其側，逍遙乎寢臥其下。
> 不夭斤斧，物無害者，無所可用，安所困苦哉！」

惠子諷刺莊子之言，如同樗樹，大而無用。但莊子反加諷刺，認為惠子的有用只如狸狌，東西跳樑，不避高下，卻往往因此中了機關，死在網中，這正是自恃有用而亡。莊子自視自己的言論就像斄牛，斄牛雖因大而不能執鼠，但終究如同天邊的雲，不同於流俗，也不為流俗所染。

　　樗樹也類此，雖然無所可用，但正好成其大，且無所可用並非真是無用，而是人拙於用大、用之失當。樗樹的無所可用，乃是對執滯於器物習常運用的匠者而說的，而樗樹自身而言，卻因無所可用而無所困苦，不但得己之大用，生命得以解脫，亦得使人「彷徨乎無為其側，逍遙乎寢臥其下」，無為虛淡，逍遙養性，成就生命的天然秉賦。可見無所可用正是回到道的境地而發為大用、妙用。〈外物〉中惠子、莊子的對話更發揮此理：

> 惠子謂莊子曰：「子言無用。」莊子曰：「知無用而始可與言用矣。天地非不廣且大也，人之所用容足耳。然則廁足而墊之致黃泉，人尚有用乎？」惠子曰：「無用。」莊子曰：「然則無用之為用也亦明矣。」

容足之地乃因廁足之地而得以有用，若無廁足之地，容足之地亦無用，正見用乃是因無用而得成其用，故知「無用」的價值與意義，所謂「用之者，假不用者也以長得其用」（〈知北遊〉）。〔註37〕只有跳脫習常「用」的概念，回到道的境地，才能清楚看到「無用」的價值與意義。也就是說，只有跳脫有用、無用等二元對立概念，才能進入道的境地，清楚看見全貌，釐清整體、個別的意義與價值，從而開展道的創新精神，而創造發展新的器物。故所謂

〔註37〕原意是技術的運用，是憑藉著內心的專一不旁騖才能發揮的。此處引用僅依其字面意義，而不是全文脈絡中的解釋。

的無用，乃是得「無不用」，呈現道的創新精神。

〈人間世〉以寓言的方式，更深入討論物的無所可用：

> 匠石歸，櫟社見夢曰：「女將惡乎比予哉？若將比予於文木邪？夫柤
> 梨橘柚，果蓏之屬，實熟則剝，剝則辱。大枝折，小枝泄。此以其
> 能苦其生者也。故不終其天年而中道夭，自掊擊於世俗者也。物莫
> 不若是。且予求無所可用久矣！幾死，乃今得之，為予大用。使予
> 也而有用，且得有此大也邪？且也若與予也皆物也，奈何哉其相物
> 也？而幾死之散人，又惡知散木！」匠石覺而診其夢。弟子曰：「趣
> 取無用，則為社，何邪？」曰：「密！若無言！彼亦直寄焉！以為不
> 知己者詬厲也。不為社者，且幾有翦乎！且也，彼其所保與眾異，
> 而以義喻之，不亦遠乎！」

櫟樹以為，果蓏之屬，因有用於世俗，故不終其天年而中道夭，所以櫟樹要
求無所可用，以得一己之大用，一己生命的解脫。但因人間世裡若真一無可
用，亦將遭剪伐，這是必須真正跳脫有用、無用的觀點，才能看清楚的。如
〈逍遙遊〉中的宋人到越國賣冠帽，但是越人斷髮文身，所以宋人的冠帽因
一無可用而遭到淘汰，就是最好的證明。〔註38〕櫟樹深明此理，故寄託於社
之用，以成其無用，亦即是成一己之大用，以「善始善終」（〈大宗師〉），善
於安頓生命的終始，此即是「無用之用」。〔註39〕

　　櫟樹且以為不論是人是物，其實都還是物，物與物之間不應當在有用的
常理上相互類比，因為建立在有用常理上的類比，抹殺了每一物獨特的存在
意義。只有讓各物呈現其天然差別的秉性，才能有符合事物各自性情的施設，
來呈現每一物獨特的存在意義。

　　葉海煙先生對「無所可用」也有很深入的分析，他認為「用」是因某些
現實條件所形成，一旦這些條件有所變動，「用」也會變動，若不執滯在某
一現實情況或存在條件，「用」就會成為大用、妙用、無用之用。而生命的
大用是生命主體與客境互動所致，若能保持此一互動的生命歷程，道之大用
將不會陷落，生命之大用亦將永不消退。〔註40〕如同〈逍遙遊〉中的大樹，

〔註38〕　〈逍遙遊〉：「宋人資章甫而適諸越，越人斷髮文身，無所用之。」

〔註39〕　此則說解，因本文第三章第二節「義、命與忘」已論述義與用的關係，故於
　　　　此僅說明無用之用的意義。

〔註40〕　見葉海煙：《莊子的生命哲學》（臺北，東大，1990年4月），頁206。

「不夭斤斧，物無害者，無所可用，安所困苦哉！」沒有他物、斤斧的加害，雖無所可用，但其實是得生命之大用，生命將無所困苦而安樂無窮。

可見所謂的「無所可用」，乃是回到道之大用，跳脫一般習慣性思考，而有全新的妙用，這正呈現出道的創新精神。知無所可用，生命乃得解脫而有大用。此就器物而言，亦是得道之大用，跳脫習常性思考，而能有無限發展的可能，而得創新。故說跳脫習常性思考之後，器物的發展於焉開展。

就上述，可以將器物與用的觀點結合而進一步推論：

1、無所可用與無用之用的意義相同，皆謂得己之大用，一己生命的解脫。此就器物來看，當其無用，反得以回到道之大用，得無限發展的可能，而得創新。且一旦破除習常固定的模式，用與無用的界線也被破除，亦非絕對。也就是說，一旦破除習常固定的模式，器物不論有用、無用，都有無限發展的可能。

2、器物既然有無限發展的可能，若再有「大用」的追求，器物的發展就不可能停止，也就是因為器物發展不可能停止，所以所有要求器物發展停止，或否定器物發展、回歸原始的理論，都失之偏頗。

3、當下所有的器物原先也是沒有的，既然器物從無到有，進而更新創造，就不能否定器物的發展，若否定器物的發展，就等於否定所有的器物使用。也就是說，目前沒有的器物，也可以透過不斷發展而產生。

4、上文論及當下所有器物，都是道的呈現，既然當下所有器物都是道的呈現，就不該否定任何器物的意義，若否定當下這些器物的意義，就等於否定道的展現。

5、既然器物的發展不能否定，且就用的角度來看，為求更適切的器物使用，器物更應該發展。〈外物〉篇載任公子為求大魚而為大鉤巨緇，正是求更適切的器物使用。

當器物功用與無所可用的觀點結合，器物發展就有無限的可能，〈秋水〉篇也說：「夫物，量無窮，時無止，分無常，終始無故。」雖然此指萬物的數量無窮，時序發展無止息，得失分化沒有一定，終始變化也沒有固定。但若以器物來說不也是如此嗎？天地萬物皆可以為器物，故器物的數量無窮，而器物的發展無止期，器物的得失分化、終始變化也不會一成不變。顯然，要對器物加以禁止或廢棄都不可能。因此，人在器物發展上的著重點就不當為器物所局限，而當變化運用以得其逍遙。

三、與時俱化的器物發展

當人不再執滯於器物的習常運用而回到道的大用，器物的發展就有無限可能，因爲不同的使用方式會造成不同的結果。〈逍遙遊〉說：

> 惠子謂莊子曰：「魏王貽我大瓠之種，我樹之成而實五石，以盛水漿，其堅不能自舉也；剖之以爲瓢，則瓠落無所容。非不呺然大也，吾爲其無用而掊之。」莊子曰：「夫子固拙於用大矣。宋人有善爲不龜手之藥者，世世以洴澼絖爲事。客聞之，請買其方以百金。聚族而謀曰：『我世世爲洴澼絖，不過數金；今一朝而鬻技百金，請與之。』客得之，以說吳王。越有難，吳王使之將，冬與越人水戰，大敗越人，裂地而封之。能不龜手，一也，或以封，或不免於洴澼絖，則所用之異也。今子有五石之瓠，何不慮以爲大樽而浮乎江湖，而憂其瓠落無所容？則夫子猶有蓬之心也夫！」

有蓬之心，即心有執滯，未能暢曉眞知，不得謂之逍遙。惠子見五石之瓠不能盛水漿，不能爲瓢取水，就將它擊碎，不知可以爲腰舟以浮遊於江湖。正如世世飄洗絲絮的人，空有不龜手之藥，不知善用，而客用之卻得封賞土地，這正是使用方式不同所造成的。〔註41〕

不龜手之藥由飄洗絲絮之用變爲軍事用途，就等於有了新的運用，「用」有了新的發展，當器物有了新的運用，就可能發明出新的器物，以求能更適切、更方便、更精準的運用，一旦新的器物發明了，器物也就邁向新的發展。新的發明又可能會帶動新的運用，以求更新的發明，兩相循環，而無終極，就像大化沒有終極，創新永不停止。換言之，如果一方遭到廢置，另一方也就會有所停滯，兩者是必然的結合關係。

惠子執滯於瓠的習常用處，終於一無所得，也就是必然的結果，所以莊子批評惠子「拙於用大」，不知靈慧變通以適切地運用器物，可見《莊子》十分重視器物的運用。

〈天地〉中漢陰丈人所說的「機心」可說是「有蓬之心」觀念的引伸，此寓言亦可見《莊子》一書並不否定器物發展：〔註42〕

〔註41〕顧文炳先生說：「對同一事物要用『大用』、『小用』來權衡得失。莊子所言『大用』就有優化選取的意思。」見顧文炳：《莊子思維模式新論》，頁136。
〔註42〕王叔岷先生以爲〈天地〉是戰國晚期學莊之徒託諸莊子者，不致出於秦後，因爲《呂氏春秋》已有用此篇之文。見王叔岷：《莊子校詮》，頁432。

子貢南遊於楚，反於晉，過漢陰，見一丈人方將爲圃畦，鑿隧而入井，抱甕而出灌，搰搰然用力甚多而見功寡。子貢曰：「有械於此，一日浸百畦，用力甚寡而見功多，夫子不欲乎？」爲圃者卬而視之曰：「奈何？」曰：「鑿木爲機，後重前輕，挈水若抽，數如泆湯，其名爲橰。」爲圃者忿然作色而笑曰：「吾聞之吾師，有機械者必有機事，有機事者必有機心。機心存於胸中，則純白不備；純白不備，則神生不定；神生不定者，道之所不載也。吾非不知，羞而不爲也。」子貢瞞然慚，俯而不對。有閒，爲圃者曰：「子奚爲者邪？」曰：「孔丘之徒也。」爲圃者曰：「子非夫博學以擬聖，於于以蓋眾，獨弦哀歌以賣名聲於天下者乎？汝方將忘汝神氣，墮汝形骸，而庶幾乎！而身之不能治，而何暇治天下乎？子往矣，無乏吾事！」子貢卑陬失色，頊頊然不自得，行三十里而後愈。其弟子曰：「向之人何爲者邪？夫子何故見之變容失色，終日不自反邪？」曰：「始吾以爲天下一人耳，不知復有夫人也。吾聞之夫子，事求可，功求成。用力少，見功多者，聖人之道。今徒不然。執道者德全，德全者形全，形全者神全。神全者，聖人之道也。託生與民並行而不知其所之，汒乎淳備哉！功利機巧必忘夫人之心。若夫人者，非其志不之，非其心不爲。雖以天下譽之，得其所謂，謷然不顧；以天下非之，失其所謂，儻然不受。天下之非譽，無益損焉，是謂全德之人哉！我之謂風波之民。」反於魯，以告孔子。孔子曰：「彼假脩渾沌氏之術者也，識其一，不知其二；治其內，而不治其外。夫明白入素，無爲復朴，體性抱神，以遊世俗之間者，汝將固驚邪？且渾沌氏之術，予與汝何足以識之哉！」

此則可分成幾層討論。首先，「有機械者必有機事，有機事者必有機心」，這一直是討論的重點，機械也是器物的一種。從這句話來看，有機心乃是自有機事、機械反推而知，但若無機心亦須爲所當爲之事，爲事就會用及器物，於理，不能說用及器物就說有機心，但漢陰丈人卻以爲有機械者必有機心，這顯然是倒果爲因，且因此反對運用器物，反對器物發展，更是大謬！

因有機械、機事而有機心，顯然是執滯於器物，不能乘物遊心，就內心有所執滯，不能暢曉真知而言，機心其實就是「蓬之心」，所以孔子批評漢陰丈人是「假脩渾沌氏之術者」，只識其一，不知其二；只錮閉內心，而不治理

外在。郭象注：「以其背今向古，羞爲世事，故知其非眞爲渾沌也。徒識脩古抱灌之朴，而不知因時任物之易也。」〔註43〕成玄英疏：「夫渾沌者，無分別之謂也。識其一，謂向古而不移也。不知其二，謂不能順今而適變。」〔註44〕意思是：漢陰丈人無法圓融古今變易、貫通內心與外物，當然不會達到與時俱化的境界。換句話說，眞正的至人之道，應當是「乘物以遊心」（〈人間世〉），沒有內外、古今的分別，一旦有了內外、古今的分別，就只能錮閉內心或維持外在行爲其中一面的圓融，而這其實就都不是眞正的圓融了。所以說漢陰丈人其實不懂至人之道，其心中仍有執滯而落入天刑，不得逍遙。

再者，子貢其實也不是眞正懂得至人之道的內涵，所以當漢陰丈人提出相異的看法時，他無法理解其缺憾，甚且以爲其能忘卻功利機巧，但事實上，漢陰丈人並非眞正忘卻功利機巧，而是因爲不能化去心中的功利機巧，所以只好逃避不去面對。若能眞正化去心中的功利機巧，對於機械器物的態度，就應是「乘物以遊心」，適當則用，不適當則不用，其用心豈會因外物而有所遷變？〈德充符〉說：「審乎無假而不與物遷，命物之化而守其宗。」正好指出漢陰丈人的缺憾。

楊儒賓先生的說法也頗能擊中要害，他說：「人間世眞能讓人永遠與文明隔絕，只能『其一也一』，不能『其不一也一』，這樣可以算是體道之士嗎？孔子因此批評漢陰丈人，認爲他『識其一不知其二』。眞正的道一定要透過具體的事物，透過『機事』，才能見眞章的。一言以蔽之，眞正的體道之士要能『乘物以遊心』。」〔註45〕能否遊心於具體的人間事物，才是「眞章」的評價標準，若避開具體的人間事物，就是缺憾。

〈天地〉中華封人的寓言也同樣說明應當乘物遊心的道理：

> 堯觀乎華。華封人曰：「嘻，聖人！請祝聖人。」「使聖人壽。」堯
> 曰：「辭。」「使聖人富。」堯曰：「辭。」「使聖人多男子。」堯曰：
> 「辭。」封人曰：「壽、富、多男子，人之所欲也，女獨不欲，何邪？」
> 堯曰：「多男子則多懼，富則多事，壽則多辱。是三者，非所以養德
> 也，故辭。」封人曰：「始也我以女爲聖人邪，今然君子也。天生萬
> 民，必授之職，多男子而授之職，則何懼之有！富而使人分之，則

〔註43〕見郭慶藩編，王孝魚整理：《莊子集釋》，頁438。
〔註44〕見郭慶藩編，王孝魚整理：《莊子集釋》，頁438。
〔註45〕見楊儒賓：《莊周風貌》，頁104。

> 何事之有！夫聖人，鶉居而鷇食，鳥行而無彰；天下有道，則與物
> 皆昌；天下無道，則脩德就閒；千歲厭世，去而上僊；乘彼白雲，
> 至於帝鄉；三患莫至，身常無殃；則何辱之有！」

此則是就人事而言，多男子則授之職，富則使人分之，若天下有道，則與眾人萬物同昌，若天下無道，則修德隱於其中，雖長壽而身常無殃，意謂事雖多，但只要安置妥當則能無殃，若因為可能多懼、多事、多辱，就捨棄而不敢面對，不就成了另一個「蓬之心」、「機心」嗎？不能乘物遊心以善加運用，又如何是聖人呢？難怪華封人要譏評了。

　　道乃是修養實踐而得，當然也能回歸於生活中，只要得此精神，外在的表現就可以依個人需要而加以變化，因為外在的表現乃隨其精神而呈現，萬變不離其宗。故移華封人之意於器物觀點而論，則使壽、富、多男子，即同於使器物多元發展，只要運用適當，器物是應該多元化發展的，且即使運用不能適當，器物發展仍不會停止，因為時代不斷向前奔馳，不會因人而異，縱使自己停止學習，器物的發展也不會停止。既然器物發展不論運用適當與否都不會停止，就更需要發展器物以預防、解決器物運用的不適當，不該執滯於機心而不敢發展。

　　〈徐無鬼〉指出：「為義偃兵，造兵之本也。」王先謙云：「號稱偃兵，敵國潛伺，是偃即造之本也。」〔註46〕意味一旦息兵，敵國潛伺，反而可能導致爭戰。同樣的，既然器物發展不可能停止，就更當發展器物以補救器物發展的不適當，若廢除自身的器物發展，則可能造成更大的災害。

　　至若外篇〈馬蹄〉云：「殘樸以為器，工匠之罪也。」〈胠篋〉云：「毀絕鉤繩，而棄規矩，攦工倕之指，而天下始人有其巧矣。」顯然與漢陰丈人同調，缺憾也與其相同，不用再論。〔註47〕唯一須說明的是，這雖然是《莊子》中反對科技的言論，〔註48〕但其論點已為上文所舉內、外篇觀點、批評所駁

〔註46〕見王先謙：《莊子集解》，頁211。王叔岷先生亦說：「美其名曰息兵，而實造兵者多矣。」見《莊子校詮（中）》，頁928。福永光司也說：「他們跟戰爭之肯定者立于同一價值觀同一世界觀之上，以否定戰爭。他們的否定戰爭，不過是翻了裏的戰爭之肯定而已。因此，他們的主張……一面在反對戰爭，卻反而在將戰爭推進。」見陳冠學譯：《莊子（古代中國的存在主義）》，頁90。

〔註47〕焦竑曰：「秕糠瓦礫，道無不載。……明乎非蒙莊之意矣。」轉引自錢穆：《莊子纂箋》，頁72。

〔註48〕見刁生虎：〈莊子科技觀及其哲學基礎〉，《開封大學學報》，第15卷第1期（2001年3月），頁6～12。

斥，故不構成矛盾，頂多也只能算是《莊子》中主要觀點的歧出。

　　至於〈繕性〉：「逮德下衰，及燧人、伏羲始爲天下，是故順而不一。德又下衰，及神農、黃帝始爲天下，是故安而不順。德又下衰，及唐、虞始爲天下，興治化之流，澆淳散朴，離道以善，險德以行，然後去性而從於心。心與心識知而不足以定天下，然後附之以文，益之以博。文滅質，博溺心，然後民始惑亂，無以反其性情而復其初。」如此借古諷今的寫法，倒不一定是批評器物的發展，而是批評了時移世易下的人心競博文飾，故離道德純樸之世愈來愈遠。若眞是批評器物發展，上文的批評駁斥也一樣適用的。

　　綜上所述，可加推論：

1、所謂「機心」，乃是執滯於器物而生，其實就是「有蓬之心」。因有機心而廢棄器物運用、發展，是倒果爲因的謬行。且因爲不能化去心中的功利機巧，就棄置器物不用，顯然是一種逃避。而眞正化去心中功利機巧的至人，則能乘物遊心，其用心不會因外物而有所遷變，所以對於器物，適當則用，不適當則不用。

2、只要運用適當，器物是應該多元發展的。但若運用不適當，還是應該發展，以補救運用的不適當，因爲器物的發展不可能停止，也無法確定器物運用都會適當。且爲解決不斷面臨的問題，器物發展不僅不該停止、廢棄，反而更應該不斷開展，只有不斷開展才能解決不斷面臨的問題。

3、器物發展與用是必然的結合關係，如果一方遭到廢置，另一方也會停滯。既然《莊子》中強調用，也就等於強調器物發展。

　　可見，《莊子》的器物觀點與無所可用結合，承續知的發展，承認器物發展不會停止，且不僅不該否定，反而應該「與時俱化」，不斷開展。

第五章　結　論

本章基於上文的研究，統整說明本文研究成果。

修養實踐在逍遙義與小大之辯中即明白透顯，逍遙乃是主體透過一步步的修養進程，而後乃能至於無待的境界，從內心德行來看，其德行與天地萬物為一體，則外物、水旱自不能動其心志。就整體來說，逍遙並非僅止於觀照，而是要能察乎安危，寧於禍福，謹於去就而後方可得。庖丁解牛的寓言明確落實了逍遙，從學習解牛的技巧、理解牛的天理開始，融合技術、官知，最後以心靈修養貫通這一切，達到「以神遇而不以目視，官知止而神欲行」的最高境界，而在筋骨盤錯之處，仍要小心謹慎，怵然為戒，即使解牛完成，也善刀而藏，不外露鋒芒。

由此逍遙的落實，亦可得見至人之道、真知，只存在於至人的修養實踐中，因為心靈修養是個人的事，離開至人的個人經驗活動，道即不可得，故體道之事必得靠個人的修養實踐，無法以言語說明、傳授。〈天運〉也說：「中無主而不止，外無正而不行。」就是說不自己體悟，道就不會停留，向外不能印證，道就不能通行，若道不能通行，就不是逍遙。

至於小大之辯，則由宋榮子的猶有未樹、列子的猶有所待層層進展，開拓無己、無功、無名的境界。因為是非無窮，且無真正客觀的是非判準，故須跳脫是非判準的方式，而以猶有未樹、猶有所待解說生命境界的大小、高低，並生開創精神，以積極開拓生命境界達於至人、神人、至人的逍遙。

至人的境界亦即經由喪我、無我而得聞天籟的齊物境界，在此空靈明覺之心的觀照下，道無所不在，萬物皆彰顯其獨特的意義，也彰顯道的意義，精神與道冥合而無止盡，不僅乘物遊心，且應於化而解於物，用諸人事亦能

通達無礙，如〈田子方〉中的儒者，應對魯君的國事之問，千轉萬變而不窮。亦如〈應帝王〉中的壺子，不僅依順大化，不離本宗，還能以其秉受於自然、天的個體生命變化無常，積極示現，破除神巫季咸的虛妄，以引導列子學道，此亦得見體道者生命的開展無窮無際，深不可測。

由此可知，至人的生命境界、真正的逍遙實富有積極開拓的精神，以與物有宜、與物為春、與物皆昌，如此體道實踐才能更彰顯其意義，絕非僅止於消極的承受一切，或者消極的讓開一步，不禁物之性，不塞物之源，故知以牟宗三先生的「境界形態形上學」說解《莊子》，有其不足之處。

而〈大宗師〉「夫道，有情有信」一段，實亦可以修養實踐的角度詮釋，因為道真真實實存於至人的心靈，存於至人的經驗、至人的修養實踐中，只能自己體會，無法傳授，而可相傳可見的，只有語言文字。至於無法證明的言語、事情，其實是為破除觀念、語言的執滯，使人能安居於當下生命。安於當下生命，則涵融了自身、涵融了天地、鬼神、一切的演變。

至於〈天地〉「泰初有無」一則，也多是無法證實的語言，但可從「性修反德，德至同於初」說解，修養此性以復其德而同於泰初，同於泰初則為至人、真人，並以此真知而明白造化的運行。如此進行修養論的詮解，生命精神不僅不易落入語言推測、理論觀念推演的無窮無盡中，也不易落入語言觀念的執著裡，不可自拔，且更能增益修養論的堅實。

死生、夢覺兩對觀念，在相互比喻下亦得開闊的發展。大夢與大覺經由各自當下同質性的不知而相知，不僅相互溝通、涵融成一積極統一體，生死的隔閡對立亦得打通，更開啓生命流轉的連貫性。夢覺的割裂對立也在生命的自然流轉中各得安立，不相妨礙而又能相互疏通，生與死、夢與覺亦得復等同，更得當下生命的安頓。雖有因果承續，但安時處順，在大化流行、當下客境中積極開拓，自然因果論也失去意義。所以在夢就安適於夢，在覺就安適於覺，在自然之分就安適於自然之分，不論在什麼樣的境地就都能安適，即使是生死也能安適，而得栩栩之樂，這就是物化。這與經由「吾喪我」的工夫，以表現天籟、齊物的境界完全一致。且由生死、夢覺的相互疏通，當下即涵融了過去與未來，涵融了一切時刻，夢與不夢都如同一場永恒的大夢，得生命之奇異幻變而無憂，遊於無邊無際的世界而不脫離現實，與自然大化同在，是「殺生者不死，生生者不生」的境界，純任天機自行而與世俗處，與物為春，與物有宜。

　　與世俗處，就當面對人世的法則，義與命。義是客觀環境下的生活規範，無所逃，但是社會環境會變，生活環境也可以選擇，當客觀環境變了，生活規範自然也隨之而變。也就是說，君臣關係是人間遇合，可離可擇，但不論所擇爲何，皆當積極處之、安之。此可由〈德充符〉中的哀駘它與魯君的關係而得到印證，哀駘它是才全而德不形的至人，與魯哀公無君臣關係，亦無君臣之義，故不受君命而離開。〈秋水〉中莊子釣於濮水的故事也可以證明，莊子以生曳尾、死留骨之喻回絕楚王的徵聘，而寧安於泥塗中曳尾。

　　命雖是不可知的，但由「安之若命」來看，所有不可知的事，其實都不過是假定爲命而已。顯然《莊子》書中的命不是一種逃避諉過的心理，而是情感的積極調適，用以面對不可解之事。故面對不可解，則積極調適情感以自事其心，不使哀樂擾亂心志而安然處之。

　　然而積極調適情感終不若忘而化之，以成就離形去知，同於大通的坐忘。離形去知其實就是同於大通的無好、無常，沒有偏好、偏執，不執滯於故常。故說離形就是忘形，解脫物的束縛，進而乘物以遊心。去知，不是去除分解性、概念性的知識活動，而是忘掉、去除因偏好、偏執而來的差別性判斷、過度的認知活動。且客觀的分解性、概念性的知識活動，正可以豐富生活，所以人當以敞開的態度對待經驗知識、認知活動，不執滯於偏好，也不執滯於故常，並善用經驗知識、認知活動以安適地處在任何環境，這也是逍遙的意旨。

　　由此可知經驗知識、認知活動無須廢棄，經驗知識、認知活動固然因其稟性與功用的不同而有其侷限，但這也是自然之分際，若保持個人的客觀性，以「可矣，猶未也」，包容而富開創態度待之，經驗知識、認知活動反有助於眞知的積極開展，不致陷入知之聾盲中。且〈大宗師〉說：「是知之能登假於道者也若此。」可見莊子乃將修養實踐與經驗知識、認知活動結合統一，以尋求高度的智慧情感，且能涵融愈多意義，其精神境界就愈高，愈不會陷入偏頗、偏執的境地。此亦開啓一學習進程，但沒有一定的時間表，也無固定的進程，雖說預立一最終目標，但其實亦並未有最終目標，也就是說，學習沒有終點，眞知的開展無窮無盡。

　　當眞知落實於生活中，也展現了齊物的形態，就是眞知與經驗知識的相互涵融，沒有區別。依此，〈養生主〉「吾生也有涯，而知也無涯」一則，「知者也，爭之器也」，及「去小知而大知明」的眞意亦告明朗：經驗知識、認知

活動不可不用，但不可盡行，不可求竭，不可傷身，也不可爲經驗知識、認知活動所執滯，如此，眞知才會呈顯。

若執滯於經驗知識、認知活動，甚至仿效他人的形跡，企求以諔詭幻怪的名聲傳聞天下，則必然要落入天刑。故知不論天刑是自然之勢所成，或執滯於人爲所成，刑者自刑，天刑的根源仍是自己，是自己有所執滯所造成、所招來的，這也就是「遁天倍情，忘其所受」的遁天之刑。天刑的不可解，亦是因其自是所造成，若能除自是，保持客觀，則天刑亦可有解除之時。於是又知天刑與逍遙實爲一相對觀念，要去除天刑，就當解除天刑的根源，也就是去除自己所有的執滯，使自己無所執滯，才得以逍遙，反過來說，不能逍遙，即是因自己有所執滯，故落於天刑。當然，若依此而言，逍遙亦並非務事或不務事所能局限的，不務事可得逍遙，務事亦當能得其逍遙，但因爲不論務事或不務事，都需要能洞察安危的境地、安心於禍福的情境、進退謹愼，然後才能逍遙，所以廣義來說，人生其實就在務事中，至人也在務事中得其逍遙，雖然務事卻有不務事的從容。

《莊子》的情意觀也表現了積極開展的一面。至人之情秉受於自然，因爲「道與之貌，天與之形」，與一般人無異，人的本性、精神生命、情感也都秉受於道、自然，因此，人的情感原就應當是與自然、天地萬物和合的「無情」，也就是「不以好惡內傷其身，常因自然而不益生」，是與天地一體的至情，因此能與造物者遊，與外死生無終始者爲友。所有事之變、命之行、人所不得與的、知之所無奈何的、能力所不及的事物，至人皆不會執滯而有所強求，坦然接受，不使心志動搖，順其自然，不生世俗得失之哀樂，以成就自然的秉賦，而享天樂。故亦可以「至情」稱之，至情是知、情結合統一的高度智慧情感，有情、無情皆不足以言之。

至人之情因秉受於自然，故也秉受了自然的好惡，這種自然的好惡乃是一種自然分際，不是個人私情偏頗的好惡，但好惡亦有其限度，其限度是不妄生喜怒哀樂，不可傷身。

至人之情超越了是非，超越了一切使道有所虧損的對立，所以至人不會成爲是非之源，也不涉入是非，不落入對立。當然，一般人的是非也擾亂不了至人，甚至使至人不能彰顯道的私情，也都不藏於至人之心。

但至人之情也包含了親情，這是統一在自然之情中的。從「子之愛親，命也，不可解於心」，以及「父子相親」，可見得至人的親情極爲濃厚，但孝

固不足以言之。從「安之若命」的至德來看，即已消解了孝、命的限定。至於其他言論，如「陰陽於人，不翅於父母！」「彼特以天爲父，而身猶愛之，而況其卓乎！人特以有君爲愈乎己，而身猶死之，而況其眞乎！」也都說明了親情實際是涵融於自然的至情中。但然造化遠遠高於父母，若父母之命與自然造化衝突，自當依順自然造化的安排，不執滯於孝，且依實際的情況進行，保護自己，修德以就其間，以使父母不會造成無可彌補的悔恨、不安。

至於大戒中的義，君臣間的忠義，因爲只是人間的遇合，不是秉受於自然之情，故可離也。這從〈德充符〉哀駘它的寓言就可以得證，哀駘它是才全而德不形的至人，與魯哀公無君臣關係，亦無君臣之義，故不受君命而離開。

至人的友情觀也是《莊子》一貫統一的情意觀之呈現。既然精神生命、本性、情感都秉受於道，而與天地萬物和合，體現自然大化，那麼至人的友朋交遊也需要是至人，彼此才會莫逆於心，無所執滯。既然交遊是出於無心自然，無所求，相助也就出於無爲自然，不著形跡，沒有強求或貪求，當然就沒有利益得失的糾葛。且因其本身就是「充實不可以已」，當然也就圓滿，無所執滯，也不會是尋求精神、情感的依靠，更不會是要求形影的陪伴，因爲以這些爲基礎而發展出來的友情，在得失之間都會有所執滯。雖然如此，至人仍與世俗處，並未傲倪萬物。

但至人之情不一定能保持開闊、雄健、恆常、穩定的情操，一旦遭逢變故、異狀，也會有所搖蕩，但至人能以理化情，回復到至情的境界。雖不能眞的「安時而處順，哀樂不能入也。」但安時處順仍不失爲原則。甚至在遭逢變故之後，至人也將之歸於自然，容或不能接受，也能以「猶有尊足者存」的觀念引導，以務全自然秉性，不會以個人的好惡而內傷其身，死守著人爲形跡不放。

《莊子》的科技發展觀點，從「乘物以遊心」、「物物而不物於物」出發，批評惠施拙於用大、有蓬之心，發展而爲反對機心，肯定器物發展，有其一貫的立場。從「周與胡蝶，則必有分矣」，可見《莊子》極重視差別性，莊周與蝴蝶是自然之分，亦皆是道、造化所現，若否定自然之分，即等於否定道、造化。再者，就道無所不在言，人爲的製作、器物亦爲道的展現，不論分、成、毀，只要物各有所用，即各得其性，而歸於平等。道與器物的關係並非限定於一物、一用上，而是如〈山木〉所言：「處夫材與不材之間，……與時俱化，而無肯專爲。」人自處於道，與道、與時俱化，亦能使器物與道、與

時俱化,不斷發展。也就是說,在這些器物的變化中,人也能成為大化假手的對象,去進行器物的變化發展,而所有器物,歸於道之所成、所展現。

無用之用是得己之大用,一己生命的解脫。此就器物來看,當其無用,反得以回到道之大用,得無限發展的可能,而得創新。且一旦破除習常固定的模式,用與無用的界線也被破除,器物不論有用、無用,都有無限發展的可能,也因此器物的發展就不可能停止,所以所有要求器物發展停止,或否定器物發展、回歸原始的理論,都失之偏頗。

當器物功用與無所可用的觀點結合,器物發展就有無限的可能,〈秋水〉篇也說:「夫物,量無窮,時無止,分無常,終始無故。」雖然此指萬物的數量無窮,時序發展無止息,得失分化沒有一定,終始變化也沒有固定。但若以器物來說不也是如此嗎?天地萬物皆可以為器物,故器物的數量無窮,而器物的發展無止期,器物的得失分化、終始變化也不會一成不變。顯然,要對器物加以禁止或廢棄都不可能。因此,人在器物發展上的著重點就不當為器物所局限,而當變化運用以得其逍遙。

要得逍遙,破除「機心」就是極為重要的事。所謂「機心」,乃是執滯於器物而生,其實就是「蓬之心」。因有機心而廢棄器物運用、發展,是倒果為因的謬行。且因為不能化去心中的功利機巧,就棄置器物不用,顯然是一種逃避。真正化去心中功利機巧的至人,能乘物遊心,故其用心不會因外物而有所遷變,適當的器物則用,不適當則不用。只要運用適當,器物是應該多元發展的。但若運用不適當,還是應該發展,以補救運用的不適當,因為器物的發展不可能停止,也無法確定器物運用都會適當。且為解決不斷面臨的問題,器物發展不僅不該停止、廢棄,反而更應該不斷開展,只有不斷開展才能解決不斷面臨的問題。器物發展與用是必然的結合關係,如果一方遭到廢置,另一方也會停滯。既然《莊子》中強調用,也就等於強調器物發展。

至若外篇中少數看似否定器物發展的觀點,如〈馬蹄〉「殘樸以為器,工匠之罪也」,〈胠篋〉「毀絕鉤繩,而棄規矩,攦工倕之指,而天下始人有其巧矣」,其缺憾顯然與漢陰丈人相同,早為「乘物以遊心」所批評駁斥,故不構成矛盾,頂多也只能算是《莊子》中主要觀點的歧出。可見,《莊子》的器物觀點與無所可用、道的創新精神結合,承認器物發展不會停止,且不僅不該否定,反而應該「與時俱化」,不斷開展。

《莊子》一書實含有積極開拓,活潑圓融而又寧極的精神,此精神亦有

其一貫性，不論表現在哪一方面皆能不斷開展生命、豐富生命，而無止盡，絕非消極的固守於自己的世界而已。

　　當然個人的詮釋，囿於個人學力、閱歷的不足，不能更深入討論，缺漏必多，尤其在器物觀的理論開展上，僅能說是一個新方向的思索，有待高明之士修正。

引用書目

一、專　書

1. 《大道希夷——近現代的先秦道家研究》，高峰，瀋陽：遼寧教育，1997年12月。

2. 《才性與玄理》，牟宗三，臺北：臺灣學生，1989年10月。

3. 《中國人性論史》，徐復觀，臺北：臺灣商務，1994年4月。

4. 《中國哲學十九講》，牟宗三，臺北：臺灣學生，1991年12月。

5. 《中國哲學大綱》，張岱年，臺北：藍燈，1992年4月。

6. 《中國哲學主體思維》，蒙培元，北京：東方，1993年8月。

7. 《中國哲學史》，鍾泰，臺北：臺灣商務，1987年7月，台8版。

8. 《中國哲學原論原道篇卷一》，唐君毅，臺北：臺灣學生，1978年4月。

9. 《中國哲學原論導論篇》，唐君毅，臺北：臺灣學生，1984年1月。

10. 《中國哲學論集》，王邦雄，臺北：臺灣學生，1983年8月。

11. 《中國藝術精神》，徐復觀，臺北：臺灣學生，1992年7月。

12. 《六十年來之國學》，臺北：正中，1978年11月。

13. 《王臨川文集》，王安石，臺北：鼎文，1979年。

14. 《世說新語箋疏》，余嘉錫，臺北：華正，1993年10月。

15. 《先秦道家「道」的觀念的發展》，楊儒賓，臺北：臺大文史叢刊，1987年。

16. 《牟宗三先生與中國哲學之重建》，李明輝主編，臺北：文津，1996年12月。

17. 《老子今註今譯及評介（二次修訂本）》，陳鼓應，臺北：臺灣商務，1997

年 7 月。

18. 《老子道德經憨山註·莊子內篇憨山註》，憨山（釋德清），臺北：新文豐，1993 年 5 月，初版三刷。

19. 《老莊新論》，陳鼓應，臺北：五南，1993 年 3 月。

20. 《定本莊子故》馬其昶著，馬茂元編次，安徽合肥：黃山書社，1989 年 11 月。

21. 《南華眞經副墨》，陸西星（長庚），中國子學名著集成編印基金會。

22. 《荀子集解》，王先謙集解，臺北：藝文，1988 年 6 月。

23. 《從西方哲學到禪佛教——「哲學與宗教」一集》，傅偉勳，臺北：東大，1986 年 6 月。

24. 《從創造的詮釋學到大乘佛學——「哲學與宗教」四集》，傅偉勳，臺北：東大，1990 年 7 月。

25. 《莊子（古代中國的存在主義）》，福永光司著，陳冠學譯，臺北：三民，1992 年 2 月。

26. 《莊子今註今譯》，陳鼓應，臺北：臺灣商務，1989 年 5 月。

27. 《莊子今註今譯修訂本》，陳鼓應，臺北：臺灣商務，1999 年 11 月。

28. 《莊子歧解》，崔大華，河南：中州古籍，1988 年 12 月。

29. 《莊子的生命哲學》，葉海煙，臺北：東大，1990 年 4 月。

30. 《莊子南華經解》，宣穎，臺北：廣文，1978 年 7 月。

31. 《莊子思想及其藝術精神之研究》，鄭峰明，臺北：文史哲，1987 年 10 月。

32. 《莊子思維模式新論》，顧文炳，上海：上海社會科學院出版社，1993 年 5 月。

33. 《莊子哲學》，陳鼓應，臺北：臺灣商務，1970 年 1 月，二次修訂於 1992 年 10 月。

34. 《莊子哲學及其演變》，劉笑敢，北京：中國社會科學出版社，1993 年 3 月。

35. 《莊子校詮》，王叔岷，臺北：中央研究院歷史語言研究所，1994 年 4 月。

36. 《莊子淺說》，陳啓天，臺北：臺灣中華，1986 年 8 月。

37. 《莊子通·莊子解》，王夫之，臺北：里仁，1995 年 4 月。

38. 《莊子集解》，王先謙，《莊子集解內篇補正》，劉武，（兩書合刊），臺北：漢京，1988 年 12 月。

39. 《莊子集釋》，郭慶藩編，王孝魚整理，臺北：群玉堂（國文天地），1991 年 10 月。

40. 《莊子新注》，陳冠學，臺北：東大，1989 年 9 月。

41. 《莊子新釋》，張默生，臺北：漢京，1983 年 9 月。

42. 《莊子詮評》，方勇，陸永品著，成都：巴蜀書社，1998 年 9 月。

43. 《莊子齊物論義理演析》，牟宗三主講，陶國璋整構，臺北：書林，1999 年 4 月。

44. 《莊子鬳齋口義校注》，林希逸著，周啓成校注，北京：中華，1997 年 3 月。

45. 《莊子藝術精神析論》，顏崑陽，臺北：華正，1985 年 7 月。

46. 《莊子纂箋》，錢穆，臺北：東大，1993 年 1 月。

47. 《莊周風貌》，楊儒賓，臺北：黎明，1991。

48. 《莊學新探》，陳品卿，臺北：文史哲，1984 年 9 月。

49. 《郭象玄學》，莊耀郎，臺北：里仁，1998 年 3 月。

50. 《圓善論》，牟宗三，臺北：臺灣學生，1985 年 7 月。

51. 《新編中國哲學史一》，勞思光，臺北：三民，1987 年 10 月。

52. 《新譯莊子內篇解義》，吳怡，臺北：三民，2004 年 1 月。

53. 《諸子評議》，俞樾，臺北：世界，1973 年 5 月。

54. 《禪與老莊》，徐小躍，臺北：揚智，1994 年 5 月。

二、學位論文

1. 徐聖心：《莊子內篇夢字義蘊試詮》，臺大中文研究所，碩士論文，1991 年 5 月。

2. 吳建明：《莊子安命哲學之探究》，南華哲學研究所，碩士論文，1999 年 6 月。

三、單篇論文

1. 刁生虎：〈莊子科技觀及其哲學基礎〉，《開封大學學報》，第 15 卷第 1 期，2001 年 3 月。

2. 王邦雄：〈道家思想的倫理空間——論莊子命與義的理念〉，《現代化研究》，第 10 期，1997 年 4 月。

3. 周策縱：〈《莊子·養生主》篇本義復原〉，《中國文哲研究集刊》，第 2 期，1992 年 3 月。

4. 林聰舜：〈論莊子的「小大之辯」與「齊物」及其關係〉，《漢學研究》，5 卷 2 期，1987 年 12 月。

5. 曹智頻：〈大陸近五十年來的莊子研究〉，《鵝湖》，第 280 期，1998 年 10

月。

6. 黃錦鋐：〈近三十年來之莊子學，專著部分〉，《漢學研究通訊》，1 卷 1 期，1982 年 1 月。

7. 黃錦鋐：〈近三十年來之莊子學，論文部分〉，《漢學研究通訊》，1 卷 4 期，1982 年 10 月。

8. 謝大寧：〈齊物論釋〉，《鵝湖》，第 229、230、232 期，1994 年 7 月，8 月，10 月。

附錄一：試析《莊子》的情意觀

孫吉志

摘　要

　　《莊子》的情意觀，是人與天地一體的至情。體道者的「無情」，其實就是說不止形貌秉受於道，人的一切，連本性、精神生命、情感也都是秉受於道，因此，人的情感原就是應當與天地萬物和合的至情。本文依此而論至人「無情」對「大戒」孝、忠義的消解、對「友情」的勾勒、對人間變故的情感搖蕩與處理。

關鍵詞：莊子、老子、道家、無情、至人，大戒

一、前　言

　　統整《莊子》書中的「情」，可以分為四種意義，一為情實的情，乃是真實、實際、實在的意思，《莊子》中的「情」字意義多屬此類，至於外、雜篇屢屢出現的「性命之情」一詞，實為內篇所無，其意義亦可歸之於情實。一為天性、本性的意思，如〈天地〉：「致命盡情，天地樂而萬事銷亡。萬物復情，此之謂混冥。」〔註1〕這裡的情字，只能做性字解。〔註2〕一為精神之意，精、情古字相通，〈大宗師〉「有旦宅而無情死」即是。〔註3〕一為情感、情識、情意的情，包含孝、忠、友朋之誼、是非之情等等，是人生修養的重點，也將是本文討論的重點。

　　《莊子·德充符》中認為人應當「無情」，以成就至人境界。但「無情」的內涵究竟為何？是否有一統一一貫的觀點？「無情」究竟是如何面對親人之孝、君臣之忠義、友朋之誼？甚至突遭變故、異狀時，無情的至人，就真的不會有任何情感的動搖嗎？還是自有安頓情感的方法？

　　陳品卿先生以為以人理觀之，事親則「孝」，以天理觀之，至仁無親。〔註4〕這對於理解至人的情感，是很好的切入點，但是其對於孝與至仁之間的衝突，應如何處理，並未有進一步的探討，且此說恐有將人的情感一分為二之嫌，似不合至人生命一貫的情感。

　　王邦雄先生則進了一步，由消解命之限定而消解孝、忠的困境。〔註5〕此

〔註1〕 本論文引用的《莊子》本文，係採用清·郭慶藩編，王孝魚整理：《莊子集釋》（台北：群玉堂出版公司，1991年），並參酌陳鼓應：《莊子今註今譯修訂本》（台北：台灣商務印書館，1999年）。

〔註2〕 徐復觀先生分「情」字為三種意義，一種是情實的情，一種與性字的意義一樣，上文〈天地〉中的說明，正是他的說解。一種是包括一般所說的情欲的情，徐先生以為莊子對此是採取警惕反對的態度，但徐先生又以為莊子以「知」為情，所以要去知，因此未深入討論《莊子》中的情感問題。見徐復觀：《中國人性論史》（台北：台灣商務印書館，1994年），頁370～371。

〔註3〕 王叔岷先生引劉師培、奚侗之說，以為「情死」應作「死情」，此乃倒書之誤。《淮南子·精神篇》作「有綴宅而無耗精」，言形體雖有轉變，但精神終不減耗。且精、情古通（《荀子·修身》：「術順墨而精雜汙。」楊注：「精當為情。」《呂氏春秋·察賢》：「弊生事精。」《說苑·政理》精做情，並其證。）故「有旦宅而無情死」，意謂形體有轉變，而精神無耗盡。見王叔岷：《莊子校詮（上）》（台北：中央研究院歷史語言研究所，1994年），頁261～262。

〔註4〕 見陳品卿：《莊學新探》（台北：文史哲出版社，1984年），頁338～340。

〔註5〕 見王邦雄：〈道家思想的倫理空間——論莊子命與義的理念〉，《現代化研究》，

說貫通了至人的情感，但王先生卻未對〈人間世〉「大戒」一則文本作深入的討論，以完全消解「大戒」「無所逃於天地之間」的限定，亦未論及至人交遊，以及突遭變故、異狀時的情感安頓，甚爲可惜。

黃錦鋐先生則以爲無情是超越利害是非觀念和萬物化合的至情，是「相忘於江湖」的大情，是對天地間無論有生命、沒有生命的所發生的至情，超乎個人的感情，而不是對某一事物或某一個人的感情，因此反而像是無情的樣子。〔註6〕此說頗有見地，但這該是至人的主要精神，一旦突遭變故、異狀，就眞的不會有任何情感的動搖嗎？頗值得討論。

因此，本文將《莊子》中與情感相關的章節集合起來，以內篇爲主，外雜篇爲輔，雖然這樣的章節甚少，但仍可嘗試作一較爲深入的討論，以求知至人的情感內涵，而助於修養實踐，將情感落實於生活中。

二、無情的意義

〈德充符〉明確提出人應當「無情」：

> 惠子謂莊子曰：「人故無情乎？」莊子曰：「然。」惠子曰：「人而無情，何以謂之人？」莊子曰：「道與之貌，天與之形，惡得不謂之人？」
>
> 惠子曰：「既謂之人，惡得無情？」莊子曰：「是非吾所謂情也。吾所謂無情者，言人之不以好惡內傷其身，常因自然而不益生也。」
>
> 惠子曰：「不益生，何以有其身？」莊子曰：「道與之貌，天與之形，無以好惡內傷其身。今子外乎子之神，勞乎子之精，倚樹而吟，據槁梧而瞑。天選子之形，子以堅白鳴。」

「道與之貌，天與之形」，故人得以爲人，但這並不是說只有形貌秉受於道，而是說人的一切，連本性、精神生命、情感也都是秉受於道，因此，人的情感原就應當與天地萬物和合。但人既已爲人，自然有人自身的多樣情感，而與道有了區隔。莊子提倡無情，也就是要人能重回與道和合的境界。

因此，所謂的無情，不是要人沒有情感、冷血無情，而是要「不以好惡內傷其身，常因自然而不益生」，不因個人的好惡而損傷秉受於道、自然的形體、本性，也不以人爲來增益、造作生命的本眞，因爲增益、造作是過度、傷害生命的行爲，要能因順自然，與道和合。此即〈達生〉所說「達生之情

第 10 期（1997 年 4 月），頁 3～10。

〔註 6〕見黃錦鋐：《莊子及其文學》（台北：東大圖書公司，1977 年），頁 49～50。

者，不務生之所無以為」。莊子以「無以好惡內傷其身」抨擊惠子，正是因惠子不秉順自然之性，而偏執於其所好的堅白之論，以致於勞頓精神，形體困累，損傷了秉受於道、自然的形體、本性。

至於生而為人，是否可以有好惡？上文中只講「不以好惡內傷其身」，並未說不能有好惡，而且〈大宗師〉說：「其好之也一，其弗好之也一」，〔註7〕查內篇中僅此二處與好惡有關，可見內篇並未否定好惡之情。外篇〈至樂〉說：「魚處水而生，人處水而死，彼必相與異，其好惡故異也。」魚可以完全在水中生活，人卻不可能如此，這是人跟魚的稟性不同，所以好惡也不同，這也可以證明沒有否定好惡，甚至認為好惡出於自然，是一種自然分際。林希逸對〈德充符〉此節解釋說：「好惡出於自然而無所著，則無所損益矣。」〔註8〕若是出於自然的好惡而沒有執著，對秉受於自然的本性、形體就沒有傷害。這也可以說明上面〈至樂〉的引文。

至於外篇〈刻意〉說：「好惡者，德之失。」又說：「形勞而不休則弊，精用而不已則勞，勞則竭。」顯然是〈德充符〉此節的進一步推論闡釋，但此闡釋乃是著重在「不休、不已」的過度表現上，若無過度的表現，好惡並不失德，所以仍不能以此否定好惡。也就是說，可以有好惡，但不能過度而內傷其身。

人而無情，是因秉受於道，一切行事以道為依歸，也彰顯道，所以不增益使道有所虧損的行為：

> 是非之彰也，道之所以虧也。（〈齊物論〉）
>
> 有人之形，無人之情。有人之形，故群於人，無人之情，故是非不得於身。（〈德充符〉）
>
> 德人者，居無思，行無慮，不藏是非美惡。（〈天地〉）

道與之貌，天與之形，所以為人，有人之形，以與人群世俗相處，但無人之情，內心就無是非美惡的成見，無成見則不成為是非之源，也不陷入是非的爭執。一旦是非彰顯造作，道就有所虧損。就真人、德人與道同在而言，真

〔註7〕 對此語的解釋，歷來皆本成玄英疏：「好與弗好，出自凡情。」但〈大宗師〉此段話「其好之也一，其弗好之也一，其一也一，其不一也一。其一與天為徒，其不一與人為徒」，「其」字的意義應當一致，也就是皆指真人，成疏顯然與此有矛盾，故不取其意。

〔註8〕 見〔宋〕林希逸著，周啟成校注：《莊子鬳齋口義校注》（北京：中華書局，1997年），頁96。

人於道無所虧損，所以真人不僅不會成為是非之源，也不涉入是非，不使一般人的是非擾亂自己，超越於是非之外，無是非之情，以成就自然的秉賦，不受人為的侵擾。

當然，此處只以是非為例說明無人之情，無人之情的意義其實要更開闊。也就是說，一切使道有所虧損的對立，使真人不能彰顯道的私情，都不藏於真人的心中，這才是真正的無人之情。

有真人而後有真知，那麼真人之情與知有何關係？〈逍遙遊〉的寓言透露了訊息：

> 肩吾問於連叔曰：「吾聞言於接輿，大而無當，往而不返。吾驚怖其言，猶河漢而無極也；大有逕庭，不近人情焉。」連叔曰：「其言謂何哉？」「曰：『藐姑射之山，有神人居焉，肌膚若冰雪，淖約若處子；不食五穀，吸風飲露；乘雲氣，御飛龍，而遊乎四海之外；其神凝，使物不疵癘而年穀熟。』吾以是狂而不信也。」連叔曰：「然！瞽者無以與乎文章之觀，聾者無以與乎鐘鼓之聲。豈唯形骸有聾盲哉？夫知亦有之。是其言也，猶時女也。」

不只形骸有聾盲，知亦有聾盲，知的聾盲乃因主觀認定而造成，肩吾並沒有體驗神人生命境界的經驗，故以常情、常知主觀斷定接輿之言不近人情，狂而不可信，顯然一般人的認知活動、經驗知識不足以識神人的情感，此亦可見情與知的關係密切。只有神人之知方得識神人之情，知、情統一和諧，在這統一和諧中直與天地萬物為一，與天地精神交遊往來，看透物情、世情的虛妄，所以不會迷惑於物情、世情。

至於肩吾、一般人的執滯，乃因不知無法證實之事當先存疑，以使個人保持客觀，而待全體之觀照，所以才會執滯，不能解脫。這正是〈大宗師〉所言「不能自解者，物有結之」，意謂不能解脫的人，乃是自己執滯於外物，自己讓外物束縛住，與物無關，甚至可說是自己束縛自己，而不能解脫、成就神人的生命境界。

三、無情對孝、忠義的調和消解

討論孝、忠義，就不能不提到〈人間世〉中的大戒了：

> 天下有大戒二：其一，命也，其一，義也。子之愛親，命也，不可解於心；臣之事君，義也，無適而非君也，無所逃於天地之間。是

之謂大戒。是以夫事其親者，不擇地而安之，孝之至也；夫事其君
者，不擇事而安之，忠之盛也；自事其心者，哀樂不易施乎前，知
其不可奈何而安之若命，德之至也。爲人臣、子者，固有所不得已。
行事之情而忘其身，何暇至於悅生而惡死！

要消解大戒，就不能不消解作爲無所逃於天地之間的孝、忠義，以下就依文
本一一分析：

首先必須先瞭解引文論說的層次、目的。整段話由命與義起始，最終歸
結於「行事之情而忘其身（依事情的實際情況進行而不顧慮自身）」，而不是
歸結在大戒上。這等於說提出大戒的目的是在「忘」——忘其身。

文中尚可分出一小段，由「事其親者」始，歸結爲「自事其心者」，說孝、
說忠，卻以自事其心的「哀樂不易施乎前，知其不可奈何而安之若命」，爲德
之至，爲最高的德行，因此可以說「安之若命」的至德遠過於忠、孝之至，
至德才是此一小段文章脈絡論述的重點。

可見就引文論說的層次而言，命與義並非目的所在，引文最主要的目的
乃在論說行事之情而忘其身，安之若命的至德。但要說明至德，就必須先瞭
解義與命的限定，然後才能消解之。

先討論義的問題，義的問題較爲單純。義與命雖同爲大戒，但親人畢竟
無可選擇，是天地的命定、自然的秉賦，故親情不可解於心，其情眞實存在，
故問題自然較爲複雜，下文再論。義爲社會生活應然的存在規範，所以義只
是人間的遇合，可離也。〔註9〕因爲客觀的社會環境會變，客觀的生活環境也
可以選擇，當客觀環境變了，應然的規範自然也隨之而變。也就是說，君臣
關係會隨著客觀環境而變化，並非秉受於自然的絕對、必然關係，即君臣關
係是可以選擇的。既然君臣關係可以選擇，君臣之義就不是秉受於自然的自
然之情，也就不是至人之情。〔註10〕〈德充符〉中哀駘它的寓言可以爲證，
哀駘它是才全而德不形的至人，與魯哀公無君臣關係，亦無君臣之義，所以

〔註9〕 見王邦雄：〈道家思想的倫理空間——論莊子命與義的理念〉，頁5。
〔註10〕「無適而非君」，舊解君爲君主，有誤，君當爲君命之意，意謂臣子事君之義，
只要處於天地之間，無論處於什麼境地，都必須完成君命。若君解爲君主，
則君臣即爲天生的必然關係，君命當完全接受，沒有選擇的餘地，但〈德充
符〉哀駘它的寓言顯然就與舊解有衝突。且此則原是因葉公子高「朝受命而
夕飲冰」，對於君命甚爲恐懼而發，故釋「無適而非君」之君爲君命，應較爲
恰當。

當國無宰，魯哀公命他為國宰時，他不受君命而選擇離開。〔註11〕

再說明親情的問題。既然引文最主要的目的乃在論說行事之情而忘其身，安之若命的至德，則事親之論就非主要目的，只是作為自事其心的導論、比喻。如同〈大宗師〉：「父母於子，東西南北，唯命之從。陰陽於人，不翅於父母；彼近吾死而我不聽，我則悍矣，彼何罪焉！」父母之命也只是做為陰陽之命的導論、比喻，並非最主要目的。此處的陰陽即是造化、道。〈大宗師〉又言：「彼特以天為父，而身猶愛之，而況其卓乎！人特以有君為愈乎己，而身猶死之，而況其真乎！」所謂「卓」、「真」，皆指道，也就是至人所體會得的道，道遠遠超越了對君、父之忠、孝，自然也消解了無所逃的義、不可解的命，給出了精神無待的自在空間。〔註12〕且〈知北遊〉：「子孫非汝有，是天地之委蛻也。」既然子孫為天地造化所委付的蛻變，人間的父母自然亦為天地造化所委付的形體，自不能取代天地、自然造化、道。

至於親子之情是否為仁孝？又如何呈現？〈天運〉說：

> 莊子曰：「至仁無親。」大宰曰：「蕩聞之：無親則不愛，不愛則不孝。謂至仁不孝，可乎？」莊子曰：「不然。夫至仁尚矣，孝固不足以言之。此非過孝之言也，不及孝之言也。」

意謂至仁是最高境界，孝還不足以言之，太宰蕩的理解「無親則不愛，不愛則不孝」，並沒有達到孝的境界，更遑論遠過於孝的至仁，至仁的境界根本是太宰蕩無法理解的。林希逸註解說：「孝不足言者，非不孝也，蓋至於至仁，則孝不待言矣，至仁則在孝之上，過於孝矣。」〔註13〕也就是說，至人的親子之情不僅包含了孝，且在孝之上，孝不足以言之，故不當以孝範圍至人的親子之情。

至於至人的親子之情究竟如何表現，則仍當回到體道者的立場來看，〈大

〔註11〕〈德充符〉：「（哀駘它）與寡人處，不至以月數，而寡人有意乎其為人也；不至乎期年，而寡人信之。國無宰，寡人傳國焉。悶然而後應，氾然而若辭。寡人醜乎，卒授之國。無幾何也，去寡人而行。」

〔註12〕見王邦雄〈道家思想的倫理空間──論莊子命與義的理念〉，頁8。

〔註13〕見〔宋〕林希逸著，周啟成校注：《莊子鬳齋口義校注》，頁228。另陳鼓應先生也持此說，見《莊子今註今譯修訂本》，頁383。另「至仁無親」一語，林希逸說：「至仁無親者，言仁主於相親，而不知其所以相親，乃謂仁之至。」可備一說。陳鼓應先生說：「即至仁無私，謂至仁者一視同仁，無所偏愛。《老子》七十九章有『天道無親』，句法相同。〈齊物論〉：『大仁不仁』，句義一致。」亦可通。

宗師〉中孟孫才的處喪之道提供了很好的視野，與世俗處，外在行爲自然依順世情，但內心寧靜不受影響，可於下文討論至人的哀樂之情時一併討論。另外〈天運〉說：「父子相親。」〈則陽〉說：「父子之宜，彼其乎歸居，而一閒其所施。」親子之間相親相愛，父父子子、長幼尊卑，各得其所，這一切都是自然而然、毫無虛僞造假的。〔註14〕

　　但是，若父母之命刻意傷害孩子，孩子是否仍得接受？雖然〈大宗師〉說：「父母豈欲吾貧哉？」〈天運〉也說：「父子相親。」連孩子貧困都不是父母所願，父母應不至於刻意傷害孩子，甚至傷及孩子生命。但若眞會傷害孩子生命，孩子應如何自處呢？一旦傷害已成，而父母後悔了，父母能「安」嗎？一旦父母不能安心，則顯然與「事其親者，不擇地而安之」相悖了。且一旦傷害已成，是否又讓父母背負了不仁的惡名？推論至此，答案也就呼之欲出了。一旦父母刻意傷害孩子、父母之命違逆天地自然之情，孩子就應當依順天地自然之情，善保性命之眞情。

　　另一個問題是至人是否有哀樂？這與喪親之痛有關。此處明言「哀樂不易施乎前」，此意同於〈養生主〉「安時而處順，哀樂不能入也」，〈大宗師〉亦有此文，顯然至人無哀樂。但至人果眞無任何樂趣？不是這樣的，〈大宗師〉說眞人「受而喜之，忘而復之」，可說明至人之樂乃秉受造化的天樂，亦可說是天籟，自不同於世俗之哀樂，故說至人無哀樂。

　　至人既無世俗之哀樂，那麼至人又是如何面對喪親的哀痛？〈大宗師〉中孟孫才的處喪之道很特別：

> 顏回問仲尼曰：「孟孫才，其母死，哭泣無涕，中心不戚，居喪不哀。無是三者，以善處喪蓋魯國，固有無其實而得其名者乎？回壹怪之。」
> 仲尼曰：「夫孟孫氏盡之矣，進於知矣，唯簡之而不得，夫已有所簡矣。孟孫氏不知所以生，不知所以死。不知就先，不知就後。若化爲物，以待其所不知之化已乎。且方將化，惡知不化哉？方將不化，惡知已化哉？吾特與汝，其夢未始覺者邪！且彼有駭形而無損心，有旦宅而無情死。孟孫氏特覺，人哭亦哭，是自其所以乃。」〈大宗師〉

〔註14〕郭象注：「使彼父父子子各歸其所。」見〔清〕郭慶藩編，王孝魚整理：《莊子集釋》，頁880。林希逸說：「長幼尊卑，各得其宜。」見〔宋〕林希逸著，周啓成校注：《莊子鬳齋口義校注》，頁398。錢穆說：「《論語》：老者安之，少者懷之，即父子之宜，彼其乎歸之義也。」見錢穆：《莊子纂箋》（台北：東大出版公司，1993年），頁211。

此藉孟孫才處喪，說明聖人面對親人變故時，雖然外在的行為依順世情、同於眾人，但內心仍保持寧靜。孟孫氏的「覺」與一般人不同，他的覺「是」瞭解生死一如的道理，故終始變化都忘懷，既然忘懷終始變化，則生死、先後自然也不再係念，只是隨順大化，以待未來的變化。對造化既無志求，則不論化不化，都不會影響其精神的恒定。所以形骸縱有更改，心靈亦無損減，形體縱有轉變，精神亦無耗盡。〔註15〕

　　孟孫氏雖然瞭解生死一如的道理，但並不遺世而獨立，仍與世俗處，行為與世俗相宜，所以居喪時「人哭亦哭」，並不異於一般人，這才真是體道者的行徑。但雖是「人哭亦哭」，卻因瞭解大化流行，生死一如的道理，所以心中不悲戚，居喪不哀。

　　既然作為大戒的義與命都被消解、忘懷了，自然能夠乘物遊心，使心靈在物的變化中逍遙自適，不受物的干擾。縱使有所不得已，也寄託在這不得已的實際狀況中，依順事情的自然之勢而悠遊自適，而忘其身，以保持內心的安適，這才是最好的。

四、友情的勾勒

　　《莊子》中提及友情的篇章同樣不多見，甚至提及時也不多說，但從精神境界方面立論的觀點卻非常明確。雖然莊子的友情觀很特別，不同於一般人的交遊習慣，但卻可見《莊子》中統一一貫的情意觀。〈大宗師〉說：

> 子祀、子輿、子犁、子來四人相與語，曰：「孰能以無為首，以生為脊，以死為尻：孰知死生存亡之一體者，吾與之友矣！」四人相視而笑，莫逆於心，遂相與為友。

> 子桑戶、孟子反、子琴張三人相與語曰：「孰能相與於無相與，相為於無相為？孰能登天遊霧，撓挑無極，相忘以生，無所終窮？」三人相視而笑，莫逆於心，遂相與為友。

這裡提出「友」的標準。子祀、子輿、子犁、子來四人皆為至人。朋友是可以選擇的，選擇朋友就須有標準，至人提出的標準是「以無為首，以生為脊，以死為尻；孰知死生存亡之一體者」，王夫之說：「首、脊、尻，一體也。」〔註16〕意謂生死存亡、有無，皆為一體。也就是說，至人提出的朋友標準是：要與自

〔註15〕見王叔岷：《莊子校詮（上）》，頁262。
〔註16〕見〔清〕王夫之：《莊子通‧莊子解》（台北：里仁書局，1995年），頁64。

己的精神境界相當，要與大化爲一，如此才能莫逆於心，相與爲友。

子桑戶、孟子反、子琴張三人也是至人，三人的精神境界相當，故成莫逆。「相與於無相與，相爲於無相爲」，形容相交出於無心自然，無所求，相助亦出於無爲自然，不著形跡，亦無所求。「登天遊霧，撓挑無極」，形容逍遙物外，動於無極。「相忘以生，無所終窮」，形容忘懷生死，與道同遊，無窮無盡。此皆是形容心境、境界。可見《莊子》書中以爲只有精神境界相當，才堪爲友，才堪相與交遊。

這兩則寓言都體現了同一意義，表面上是說明至人選擇友朋的對象，但實際上是說人的精神生命、本性、情感都秉受於道。既然秉受於道，人的情感就應當與天地萬物和合，故選擇友朋時，友朋的境界須與至人的境界相同，而這也是《莊子》一貫統一的情意觀之呈現。〈養生主〉中老聃與秦失的友朋關係，也同樣體現了這一意義，所以當老聃死後，秦失對老聃弟子的教誨才會強調「適來，夫子時也；適去，夫子順也。安時而處順，哀樂不能入也，古者謂是帝之縣解。」身爲老聃的朋友，秦失的教誨實際上也呈現了《莊子》一貫統一的情意觀。

所以〈天下〉論莊子的行止，說：

> 獨與天地精神往來，而不敖倪於萬物。不譴是非，以與世俗處。……
> 上與造物者游，而下與外死生無終始者爲友。

「與天地精神往來」，意同於「上與造物者游，而下與外死生無終始者爲友」，此皆意謂至人（莊子）與自然造化爲友、與體道者爲友，至人的精神境界就是天地大化的精神，因此至人之間的交遊，仍是與天地精神往來。這可看做是至人友情的標準。

至人與世俗處時，不敖倪於萬物，也不譴是非。不譴是非，並不是因爲要與世俗處，而是至人之性原就如此。上文已說明至人不會是是非之源，也不涉入是非，當然不會是爲了與世俗處，才不譴是非。

友情的標準在技藝的搭配上有相似的情況，〈徐無鬼〉載惠子死，莊子過其墓事：

> 莊子送葬，過惠子之墓，顧謂從者曰：「郢人堊慢其鼻端若蠅翼，使匠人斲之。匠石運斤成風，聽而斲之，盡堊而鼻不傷，郢人立不失容。宋元君聞之，召匠石曰：『嘗試爲寡人爲之。』匠石曰：『臣則嘗能斲之。雖然，臣之質死久矣。』自夫子之死也，吾無以爲質矣，

　　　　吾無與言之矣！」

陸西星說：「匠石之技可謂精絕矣，然非有立不失容之郢人，則匠亦無所施其巧者。」〔註17〕意即「質」與施其巧者同等重要，匠石失去郢人，故不能施其巧，若郢人失去匠石，亦不能顯其從容，所以甚至可說是相與爲「質」，若缺其一，即不能進一步發揮其才華秉賦。莊子失去惠子，正如匠石失去郢人，莊子失去言論上可以相互匹敵、相互引發的人，精妙的言論也就止息了。但若以〈德充符〉中惠子、莊子的對話來看，惠子曰：「人而無情，何以謂之人？」「既謂之人，惡得無情？」「不益生，何以有其身？」惠子的生命境界顯然與莊子差異極大，莊子甚且批評惠子「外乎子之神，勞乎子之精」，可見惠子並不是莊子的知己，只是其言論的敵手。

五、情感的搖蕩與關懷

　　《莊子》承認至人有情，至人的形貌、精神生命、情感皆秉受於自然，而與天地萬物爲一，與天地精神交遊往來，不是一般人執滯的常情。但如此開闊、雄健、恆常、穩定的情操，果眞不受人間變故、異狀的影響嗎？若受其影響，又當如何？

　　〈大宗師〉中以寓言表達造化及於至人時的至人心境：

　　　　俄而子輿有病，子祀往問之。曰：「偉哉夫造物者，將以予爲此拘拘也！曲僂發背，上有五管，頤隱於齊，肩高於頂，句贅指天。」陰陽之氣有沴，其心閒而無事，跰𨇤而鑑於井，曰：「嗟乎！夫造物者又將以予爲此拘拘也！」

子輿、子祀都是至人。當子輿面對造化及於己身時，他仍然心閒而無事，寧定平靜的面對，一副「安時而處順，哀樂不能入也」的模樣，果然是有著開闊雄健、恆常穩定情操的至人。〈至樂〉中也說：「觀化而化及我，我又何惡焉！」〔註18〕是同樣的意義。

　　但至人的情操是否在任何時刻都能沒有絲毫的變化？〈養生主〉中的公

〔註17〕見〔明〕陸西星（長庚）：《南華眞經副墨》（台北：中國子學名著集成編印基金會，無年次，無版次），頁891。

〔註18〕〈至樂〉：支離叔與滑介叔觀於冥伯之丘，崑崙之虛，黃帝之所休。俄而柳生其左肘，其意蹶蹶然惡之。支離叔曰：「子惡之乎？」滑介叔曰：「亡，予何惡！生者，假借也；假之而生生者，塵垢也。死生爲晝夜。且吾與子觀化而化及我，我又何惡焉！」

文軒就有不一樣的應對：

> 公文軒見右師而驚曰：「是何人也？惡乎介也？天與？其人與？」
> 曰：「天也，非人也。天之生是使獨也，人之貌有與也。以是知其天
> 也，非人也。」

介，一足。〔註19〕「人之貌有與也」，意謂人的形貌是天所賦與的。〔註20〕這寓言裡的公文軒象徵至人，公文軒見右師，先驚疑他爲何只有一隻腳，而後自悟自答，〔註21〕不論是天生的或是人爲的，皆歸之於天所賦與。〔註22〕也就是說，當至人見到不同於平常習見的情形，也可能會先驚疑，先有反應，然後才回復到對大化的理解，但從驚疑到回復是非常快的，至少比一般人快。〔註23〕

而當面對人間的禍福，至人又將如何自處？〈人間世〉說：

> 孔子適楚，楚狂接輿遊其門曰：「鳳兮！鳳兮！何如德之衰也！來世
> 不可待，往世不可追也。天下有道，聖人成焉；天下無道，聖人生
> 焉。方今之時，僅免刑焉。福輕乎羽，莫之知載；禍重乎地，莫之
> 知避。已乎已乎，臨人以德！殆乎殆乎，畫地而趨！」

接輿對孔子的評論，正好呈現《莊子》一書對於亂世的態度。〈天地〉篇也說：「天下有道，則與物皆昌；天下無道，則脩德就閒。」天下無道，則修德全生，若在此時仍「臨人以德」，到處向人宣揚仁義道德，要人實行，那就是「福輕乎羽，莫之知載；禍重乎地，莫之知避」，是畫地而趨的危殆行爲。這與上文〈德充符〉中莊子批評惠子「外乎子之神，勞乎子之精」的行爲一樣，都是以個人的好惡而內傷其身。也就是說，至人處於亂世，則必修德全生，而非畫地自趨，讓自己因個人好惡而投入危險的境地，因爲還死守著人爲形跡

〔註19〕見〔清〕宣穎：《莊子南華經解》（台北：廣文書局，1978年），卷一。
〔註20〕見陳鼓應：《莊子今註今譯修訂本》，頁110。
〔註21〕〔明〕憨山（釋德清）註：「復自應之曰。」見《老子道德經憨山註・莊子內篇憨山註》（台北：新文豐出版公司，1993年），頁287。張默生也說：「此『曰』字，非右師答語，乃公文軒驚疑後自悟之語。……因對殘廢之人，不應直揭他的短處。」見《莊子新釋》（台北：漢京出版社，1983年），頁94～95。
〔註22〕林希逸說：「此意蓋謂人世有餘不足，皆是造物，雖是人做得底，也是造物爲之，蓋欲人處患難之中，亦當順受之也。」見《莊子廬齋口義校注》，頁53。
〔註23〕回復的時間無法從語言上定義，所以只能說比一般人快。因爲回復時間涉及體道實踐進程、思慮的快慢、情感的動盪程度……等等，各人的情況都不同，所以有不同的回復時間，但因其對大化有透徹的理解，故從驚異動盪中回復會比一般人快。

不放，並非眞正的因順自然，不是與天地精神、造物者遊。

　　修德避禍是應該的，但若禍患已及於自己，又當如何呢？且看〈德充符〉的無趾現身說法：

　　　　魯有兀者叔山無趾踵見仲尼。……無趾曰：「吾唯不知務而輕用吾
　　　　身，吾是以亡足。今吾來也，猶有尊足者存，吾是以務全之也。」

藉無趾說明：縱使身受刑害，猶有比足、比形體更尊貴的自然秉性存在。既然自然秉性猶存，則當坦然接受失足的事實，以善加涵養保全自然秉性，使與道合，這才是最重要的。若沈溺於喪足、形體之痛，則連自然秉性亦將告淪喪，不復享自然之樂。

　　當大化及於己，也當通達生命、造化的道理。但若大化及於自己的親人，也眞能如此釋懷嗎？上文〈大宗師〉中的孟孫才是至人形象，處母喪時，也的確頗能釋懷。但在〈至樂〉中莊子現身說法了：

　　　　莊子妻死，惠子弔之，莊子則方箕踞鼓盆而歌。惠子曰：「與人居，
　　　　長子老身，死不哭亦足矣，又鼓盆而歌，不亦甚乎！」莊子曰：「不
　　　　然。是其始死也，我獨何能無概然！察其始而本無生，非徒無生也
　　　　而本無形，非徒無形也而本無氣。雜乎芒芴之間，變而有氣，氣變
　　　　而有形，形變而有生，今又變而之死，是相與爲春秋冬夏四時行也。
　　　　人且偃然寢於巨室，而我嗷嗷然隨而哭之，自以爲不通乎命，故止
　　　　也。」

莊子妻死，莊子仍先有慨嘆，而後以理化情，將人的生命變化歸之於如同春秋冬夏四時的運行，是自然所賦予的，然後才停止慨嘆，頗似於上文〈養生主〉的公文軒以理化情，但以氣的變化說明得更爲詳細。此則在《莊子》氣化論上有很重要的意義，但究其章旨，首要意義仍在強調「通乎命」，而非強調氣的變化，氣化論亦非本文的重心，所以此處不深論氣化的意義。

　　以〈養生主〉的公文軒對照，可見只要能通達生命、造化的道理，如公文軒簡單直截的體悟也可以，不一定得以較爲繁複的氣化來做說明，來求通乎命。當然，若不能如公文軒簡單直截的體悟，而要以氣化的道理來「通乎命」，甚至以更爲繁複的道理來求「通乎命」，也未嘗不可。

六、結　語

　　綜觀《莊子》的情意觀，確有一貫統一的觀點，統一一貫於至人之情。

至人之情秉受於自然，因爲「道與之貌，天與之形」，與一般人無異，人的本性、精神生命、情感也都秉受於道、自然，因此，人的情感原就應當是與自然、天地萬物和合的「無情」，也就是「不以好惡內傷其身，常因自然而不益生」，是與天地一體的至情，因此能與造物者遊，與外死生無終始者爲友。所有事之變、命之行、人所不得與的、知之所無奈何的、能力所不及的事物，至人皆不會執滯而有所強求，坦然接受，不使心志動搖，順其自然，不生世俗得失之哀樂，以成就自然的秉賦，而享天樂。

至人之情因秉受於自然，故也秉受了自然的好惡，這種自然的好惡乃是一種自然分際，不是個人私情偏頗的好惡，但好惡亦有其限度，其限度是不妄生喜怒哀樂，不可傷身。

至人之情超越了是非，超越了一切使道有所虧損的對立，所以至人不會成爲是非之源，也不涉入是非，不落入對立。當然，一般人的是非也擾亂不了至人，甚至使至人不能彰顯道的私情，也都不藏於至人之心。

但至人之情也包含了親情，這是統一在自然之情中的。從「子之愛親，命也，不可解於心」，以及「父子相親」，可見得至人的親情極爲濃厚，但孝固不足以言之。從「安之若命」的至德來看，即已消解了孝、命的限定。至於其他言論，如「陰陽於人，不翅於父母！」「彼特以天爲父，而身猶愛之，而況其卓乎！人特以有君爲愈乎己，而身猶死之，而況其眞乎！」也都說明了親情實際是涵融於自然的至情中。

至於大戒中的義，君臣間的忠義，因爲只是人間的遇合，不是秉受於自然之情，故可離也。這從〈德充符〉哀駘它的寓言就可以得證，哀駘它是才全而德不形的至人，與魯哀公無君臣關係，亦無君臣之義，故不受君命而離開。

至人的友情觀也是《莊子》一貫統一的情意觀之呈現。既然精神生命、本性、情感都秉受於道，而與天地萬物和合，體現自然大化，那麼至人的友朋交遊也需要是至人，彼此才會莫逆於心，無所執滯。既然交遊是出於無心自然，無所求，相助也就出於無爲自然，不著形跡，沒有強求或貪求，當然就沒有利益得失的糾葛，也不會是尋求精神、情感的依靠，更不會是要求形影的陪伴。

但至人之情不一定能保持開闊、雄健、恆常、穩定的情操，一旦遭逢變故、異狀，也會有所搖蕩，但至人能以理化情，回復到至情的境界。雖不能眞的「安時而處順，哀樂不能入也。」但安時處順仍不失爲原則。甚至在遭

逢變故之後，至人也將之歸於自然，容或不能接受，也能以「猶有尊足者存」的觀念引導，以務全自然秉性，不會以個人的好惡而內傷其身，死守著人爲形跡不放。

　　簡要言之，《莊子》的情意觀，仍是統一於整體的至人人格中，是與天地一體的至情。

　　　　　　　　（本文原刊於《文與哲》第 2 期（2003.6），頁 39～50 頁）

附錄二：《莊子》的科技發展觀

孫吉志〔註1〕

摘　要

　　因爲「殘樸以爲器，工匠之罪也」、漢陰丈人「有機械者必有機事，有機事者必有機心」等論點，而常使人以爲《莊子》否定科技發展，但這些觀點都來自於外、雜篇，內篇中反而是批評惠施拙於用大、有蓬之心，強調「乘物以遊心」。且漢陰丈人的故事，其實不是讚揚他，而是批評他受制於物，無法「乘物遊心」。顯然外、雜篇中否定器物發展的觀點並不合於內篇，且內篇的觀點大體上仍貫通到外、雜篇。本文將就此點深入討論，提出《莊子》一書，從批評惠施拙於用大、有蓬之心出發，發展而爲反對機心，肯定器物發展，實有其一貫的立場。

關鍵字：莊子，道家，道，自然，科技觀，器物

〔註 1〕作者爲中山大學博士班學生。

一、前　言

若從外篇來了解《莊子》的科技觀點，如〈馬蹄〉「殘樸以爲器，工匠之罪也」，〈天地〉漢陰丈人所說的「有機械者必有機事，有機事者必有機心」，就必然會以爲《莊子》否定科技器物的發展。

但《莊子》書中的概念眞是如此嗎？若從內篇來看，恐怕就不是如此了，〈逍遙遊〉中批評惠施拙於用大、有「蓬之心」，〈人間世〉說「乘物以遊心」，顯然並沒有否定科技器物的發展，況且〈天地〉中漢陰丈人寓言的意義，是否眞的是因爲機心的生發而鼓吹廢除「機械」，也頗值得重新討論，由此也可見外篇中否定科技器物發展的觀點是否爲內篇思想的歧出。

《莊子》的科技器物觀點，其實與道、眞知有密切的關係，只有體道之士、無蓬之心，對客觀知識採取了眞知的開放敞開態度，「了解知識的對象，知識的性質」，「了解物物之間的對待關係」，〔註 2〕才能瞭解「無用之用」的重要，跳脫習常思考，而得創新的大用、妙用，使器物用得更爲適當，甚至進一步要求器物當不斷創新發展，爲人提供更好的生活。

因此，本文將試就道與器物的關係先進行說明，進而討論「用」的觀點，最後，再嘗試就《莊子》的「大用」，提出器物發展的觀點，以見《莊子》的科技器物觀點，從批評惠施拙於用大、有蓬之心出發，發展而爲反對機心，肯定器物發展，有其一貫的立場。

二、根源於道的器物發展

〈齊物論〉莊周夢蝶在「化」境中，仍以爲「周與胡蝶，則必有分矣」，〔註3〕蝶與莊周仍有其自然之分。〔註4〕這不止可見《莊子》極重視差別性，亦見莊周與胡蝶皆是道、造化所現，亦即自然之分是道、造化所爲，若否定自然之分，即等於否定道、造化。

〔註 2〕　見陳鼓應：《莊子哲學》（台北：台灣商務，1976 年），頁 88。

〔註 3〕　〈齊物論〉：「昔者莊周夢爲胡蝶，栩栩然胡蝶也，自喻適志與！不知周也。俄然覺，則蘧蘧然周也。不知周之夢爲胡蝶與，胡蝶之夢爲周與？周與胡蝶，則必有分矣。此之謂物化。」

〔註 4〕　王叔岷先生說：「莊周與胡蝶，各有其自然之分。各有其自然之分，則在覺適於覺，在夢適於夢矣。」見《莊子校詮（上）》（台北：中央研究院歷史語言研究所，1994 年），頁 96。

　　既然自然之分是必然的，而〈知北遊〉說道「在螻蟻」、「在瓦甓」、「在屎溺」、「無所不在」，〔註 5〕則螻蟻、瓦甓、屎溺、所有事物，也一樣呈現出自然之分。且既然人為的瓦甓也能呈現出道的意義，與天然之物無異，則不論是大化天然所成，或是人為所成，只要是現實存在的一切，都應當是道的展現。因此，器物就不該被排除在外，器物也應當是道的展現。由此，可以再進一步探討道與器物的關係，〈齊物論〉說：

> 物固有所然，物固有所可。無物不然，無物不可。故為是舉莛與楹，厲與西施，恢詭譎怪，道通為一。其分也，成也；其成也，毀也。凡物無成與毀，復通為一。唯達者知通為一，為是不用而寓諸庸。庸也者，用也；用也者，通也；通也者，得也。適得而幾矣。因是已，已而不知其然，謂之道。

此則的「物」，是指大化之下所有的物，所以器物也含括在內。物皆有所然、有所可，乃因至人以「虛靜心」觀照萬物，萬物都呈現出獨特的存在意義，至人亦由此建立起萬物平等的「齊物」觀。〔註 6〕換言之，《莊子》明確承認物的自然之分，承認事物的差別性，並認為這來自天然的稟性有別，不能混淆。這樣才能「名止於實，義設於適」（〈至樂〉），名實相符，事理的施設才能適合事物各自的性情。〔註 7〕

　　「其分也，成也；其成也，毀也。凡物無成與毀，復通為一」，意謂不論分、成、毀，任何形式的物，從道的觀點來看都是一樣的，因為這些都是道的展現。所以至人對於器物沒有成見，而著重在器物的功用上，以求得事物各自的性情。所以徐復觀以為「寓諸庸」，即是從用的角度來看物，物各有其用，使物各得其用，則物各得其性而歸於平等，〔註 8〕物歸於平等，則物齊矣。

〔註 5〕　東郭子問於莊子曰：「所謂道，惡乎在？」莊子曰：「無所不在。」東郭子曰：「期而後可。」莊子曰：「在螻蟻。」曰：「何其下邪？」曰：「在稊稗。」曰：「何其愈下邪？」曰：「在瓦甓。」曰：「何其愈甚邪？」曰：「在屎溺。」東郭子不應。莊子曰：「夫子之問也，固不及質。正獲之問於監市履狶也，每下愈況。汝唯莫必，無乎逃物。」

〔註 6〕　見林聰舜：〈論莊子的「小大之辯」與「齊物」及其關係〉，《漢學研究》，第五卷第二期（1987 年 12 月），頁 392。

〔註 7〕　見徐小躍：《禪與老莊》（台北：揚智，1994 年），頁 185～187。

〔註 8〕　徐復觀先生說：「莊子不從物的分、成、毀的分別、變化中來看物，而只從物之『用』的這一方面來看物。從『用』的這一方面來看物，則物各有其用，亦即各得其性，而各物一律歸於平等，這便謂之『寓諸庸』。寓諸庸，即是從物的用來看物。秋水篇『以功觀之，因其所有而有之，則萬物莫不有。因其

　　此處必須再說明的是，物的齊物與人的齊物不同，此因人有自覺，能以修養實踐不斷提升精神境界以至於真人齊物，而物並無自覺能力，亦無修養實踐之功，所以僅能以各得其用來說明齊物。

　　物不僅功用不同，而且物會隨大化而變化，當物變化之後，功用也隨之不同，〈大宗師〉說：

> 偉哉造化！又將奚以汝爲，將奚以汝適？
> 浸假而化予之左臂以爲雞，予因以求時夜；浸假而化予之右臂以爲彈，予因以求鴞炙；浸假而化予之尻以爲輪，以神爲馬，予因以乘之，豈更駕哉！且夫得者，時也，失者，順也；安時而處順，哀樂不能入也。

大化將一物化爲另一物，如化左臂爲雞、化右臂爲彈等，都沒有一定的規律，也不一定假借何物之手，讓人捉摸不著，但在這些變化之中，人卻可以加以運用，如以雞報曉、以彈求鴞炙。當然面對這些得失變化時，最重要的是安時處順，不要有人爲的哀樂參雜其間，畢竟一旦人爲的安樂參雜其間，人的心神也就隨物浮沈，而失卻創造力了。只有不參雜人爲的哀樂，才能不受限於物，進而參透物的本質，如此才能「乘物以遊心」（〈人間世〉），才能「物物而不物於物」（〈山木〉）。〔註9〕

　　當然化爲雞、化爲彈只是一個比喻，也可能化爲他物。以雞報曉、以彈求鴞炙也是比喻，也可以雞、以彈爲他事，並沒有一定的限制。若從此處著眼，新的運用就會產生，新的運用又可能導致新的器物發明，以求能更適切、更方便、甚至更精準的運用，而一旦新的器物產生就可說是器物發展了。

　　且上文已經說明，凡是現實存在之物，皆是道的展現，則不論爲自然所成，或是假手於人，皆歸之於道、大化所成，所以人爲的器物，如瓦甓，亦

所無而無之，則萬物莫不無（按此係說在能力上之平等）。知東西之相反而不可以相無（按此係言效用上之平等），則功分定矣」按秋水篇之所謂『功』，即齊物論之所謂『庸』；『以功觀之』，即『寓諸庸』。」見《中國人性論史》（台北：台灣商務，1994年），頁402～403。

〔註9〕　張利群說：「莊子對物的兩種態度『物物』和『物化』是對物的完整認識，是相輔相成、互爲補充地統一爲一體的。」這是正確的，但以爲「要達到『物化』境界，就必須以『物物』作爲手段，使異化之物、世俗名利之物改造爲自然無爲之物。」則似乎有倒果爲因之嫌，畢竟得先達到「以和爲量，浮遊乎萬物之祖」（〈山木〉），也就是「物化」的境界，才能「物物而不物於物」。見《莊子美學》（桂林：廣西師範大學出版社，1992），頁127。

當是道、大化的展現，亦是道、大化所成。所以〈知北遊〉中東郭子問道的所在，莊子回答：「在瓦甓。」王安石在〈老子〉一文中更明確指出：

> 道有本有末，本者，萬物之所以生也；末者，萬物之所以成也。本者出之自然，故不假乎人之力，而萬物以生也。末者涉乎形器，故待人力而後萬物以成也。……夫轂輻之用，固在於車之無用，然工之琢削未嘗及於無者，蓋無出於自然之力可以無與也。今之治車者，知治其轂輻而未嘗及於無也，然而車以成者，蓋轂輻具，則無必爲用矣。如其知無爲用，而不治轂輻，則爲車之術，固已疏矣。今知無之爲車用，無之爲天下用，然不知所以爲用也。故無之所以爲車用者，以有轂輻也，無之所以爲天下用者，以有禮樂刑政也，如其廢轂輻於車，廢禮樂刑政於天下，而坐求其無之爲用也，則亦近於愚矣。〔註10〕

正因爲涉乎形器，所以必待人力才能完成，若無人力施設，又豈有瓦甓的產生？若無轂輻的製作，又豈有車之用？可見器物的生成發展原就可以操之在人，而非執著於「無」，而器物的製作發展既然可以操之在人，就不會說停就停，也不能空言毀棄，而回到一無所有的世界。

又譬如以雞報曉，而後來發明鐘來報曉，且可以在任何要求的時間提醒人，又發明手錶以利攜帶，以求時效，甚至結合諸多功能於一器物上，使運用更加簡易、便利、多樣。這就是器物不斷生成發展的結果，亦可歸之於大化所成。大化不會停止，器物發展也不會停止。而人當乘物遊心，悠遊於大化中，創造發展的能力亦將提升。

王安石解說《老子》是否正確，非本文論述要點，可不述評，但其論形器的觀點卻頗值得注意。

乘物遊心，則人爲器物的創造、製作亦能巧奪天工，〈達生〉說：

> 梓慶削木爲鐻，鐻成，見者驚猶鬼神。魯侯見而問焉，曰：「子何術以爲焉？」對曰：「臣工人，何術之有！雖然，有一焉。臣將爲鐻，未嘗敢以耗氣也，必齊以靜心。齊三日，而不敢懷慶賞爵祿；齊五日，不敢懷非譽巧拙；齊七日，輒然忘吾有四枝形體也。當是時也，無公朝，其巧專而外滑消；然後入山林，觀天性；形軀至矣，然後成見鐻，然後加手焉；不然則已。則以天合天，器之所以疑神者，

〔註10〕見王安石：《王臨川文集》（台北：鼎文，1979年），頁431。

其是與！」

此說明器物之所以被疑為神工的原因。製作器物之前，內心必先齋戒靜心，〔註11〕不敢耗費神氣，不敢懷慶賞爵祿、非譽巧拙，而後忘四肢形體，回復到個人完全秉受於自然，沒有人為刻意的狀態。故「巧專而外滑消」，技巧專一，外擾消失，這是技進於道的境地，也是心齋齊物的逍遙之境。而後才「觀天性」，以自己虛靜的自然天性觀察樹木的自然質性，見「形軀至矣」，質性、形貌精妙可以為鐻的樹木，〔註12〕然後成見鐻，恍如見一成鐻在目，〔註13〕才取以製作、創造，這就是「以天合天」，主客合一、自然天成的創造，如此創造自然令人驚若神工，讚嘆不已。林希逸說：「以我之自然，合其物之自然。」〔註14〕王先謙說：「以吾之天，遇木之天。」又說：「此言順其性則工巧若神，乖其性則心勞自拙。」〔註15〕都指出器物製作的最高境界，不僅要求功用，更要求其自然天成。

三、無所可用——「道」的創新精神

若器物能各得其用，則器物各得其性而歸於平等，所以器物的發展也著重在功用上，這與「無所可用」的概念密切相關。〈逍遙遊〉說：

> 惠子謂莊子曰：「吾有大樹，人謂之樗，其大本擁腫而不中繩墨；其小枝卷曲而不中規矩，立之塗，匠者不顧。今子之言，大而無用，眾所同去也。」莊子曰：「子獨不見狸狌乎？卑身而伏，以候敖者；

〔註11〕 徐復觀先生說：「從工夫的過程上講，所說的『聖人之道』，其內容不外於人間世所說的『心齋』；實同於梓慶所說的『必齋以靜心』。」見《中國藝術精神》（台北：台灣學生，1992 年），頁 56。顏崑陽先生論心齋、坐忘為藝術主體的精神修養，即所謂「齋以靜心」。見《莊子藝術精神析論》第四章（台北：華正，1985 年）。鄭峰明先生也將「齋以靜心」的工夫與心齋、坐忘並論，以為這種工夫固是莊子的體道工夫，也是藝術觀照的歷程。見《莊子思想及其藝術精神之研究》（台北：文史哲，1987 年），頁 116～118。

〔註12〕 成玄英疏：「形容軀貌至精妙，而成事堪為鐻者。」見郭慶藩編，王孝魚整理：《莊子集釋》（台北：群玉堂，1991 年），頁 660。

〔註13〕 宣穎說：「恍乎一成鐻在目。」見《莊子南華經解》卷四（台北：廣文，1978）。徐復觀先生說：「此時他所要創造的鐻，不在外而在他精神之內。……而此精神中之鐻，又係客觀之木之可以為鐻者，毫無歪曲地進入於虛靜之心的『表象』。」見《中國藝術精神》，頁 127。

〔註14〕 見林希逸著，周啟成校注：《莊子鬳齋口義校注》（北京：中華，1997 年），頁 296。

〔註15〕 見王先謙：《莊子集解》（台北：漢京，1988 年），頁 164。

東西跳梁，不辟高下；中於機辟，死於網罟。今夫斄牛，其大若垂
天之雲。此能爲大矣，而不能執鼠。今子有大樹，患其無用，何不
樹之於無何有之鄉，廣莫之野，彷徨乎無爲其側，逍遙乎寢臥其下。
不夭斤斧，物無害者，無所可用，安所困苦哉！」

惠子諷刺莊子之言，如同樗樹，大而無用。但莊子反加諷刺，認爲惠子的有
用只如狸狌，東西跳樑，不避高下，卻往往因此中了機關，死在網中，這正
是自恃有用而亡。莊子自視自己的言論就像斄牛，斄牛雖因大而不能執鼠，
但終究如同天邊的雲，不同於流俗，也不爲流俗所染。

　　樗樹也類此，雖然無所可用，但正好成其大，且無所可用並非眞是無用，
而是人拙於用大、用之失當。樗樹的無所可用，乃是對執滯於器物習常運用
的匠者而說的，而樗樹自身而言，卻因無所可用而無所困苦，不但得己之大
用，生命得以解脫，亦得使人「彷徨乎無爲其側，逍遙乎寢臥其下」，無爲虛
淡，逍遙養性，成就生命的天然秉賦。可見無所可用正是回到道的境地而發
爲大用、妙用。〈外物〉中惠子、莊子的對話更發揮此理：

惠子謂莊子曰：「子言無用。」莊子曰：「知無用而始可與言用矣。天
地非不廣且大也，人之所用容足耳。然則廁足而墊之致黃泉，人尚有
用乎？」惠子曰：「無用。」莊子曰：「然則無用之爲用也亦明矣。」

容足之地乃因廁足之地而得以有用，若無廁足之地，容足之地亦無用，正見
用乃是因無用而得成其用，故知「無用」的價值與意義，所謂「用之者，假
不用者也以長得其用」（〈知北遊〉）。〔註16〕只有跳脫習常「用」的概念，回
到道的境地，才能清楚看到「無用」的價值與意義。也就是說，只有跳脫有
用、無用等二元對立概念，才能進入道的境地，清楚看見全貌，釐清整體、
個別的意義與價值，從而開展道的創新精神，而創造發展新的器物。故所謂
的無用，乃是得「無不用」，呈現道的創新精神。

　　〈人間世〉以寓言的方式，更深入討論物的無所可用：

匠石歸，櫟社見夢曰：「女將惡乎比予哉？若將比予於文木邪？夫柤
梨橘柚，果蓏之屬，實熟則剝，剝則辱。大枝折，小枝泄。此以其
能苦其生者也。故不終其天年而中道夭，自掊擊於世俗者也。物莫
不若是。且予求無所可用久矣！幾死，乃今得之，爲予大用。使予

───────────────

〔註16〕原意是技術的運用，是憑藉著內心的專一不旁鶩才能發揮的。此處引用僅依
　　　其字面意義，而不是全文脈絡中的解釋。

> 也而有用,且得有此大也邪?且也若與予也皆物也,奈何哉其相物
> 也?而幾死之散人,又惡知散木!」匠石覺而診其夢。弟子曰:「趣
> 取無用,則爲社,何邪?」曰:「密!若無言!彼亦直寄焉!以爲不
> 知己者詬厲也。不爲社者,且幾有翦乎!且也,彼其所保與眾異,
> 而以義喻之,不亦遠乎!」

櫟樹以爲,果蓏之屬,因有用於世俗,故不終其天年而中道夭,所以櫟樹要求無所可用,以得一己之大用,一己生命的解脫。但因人間世裡若眞一無可用,亦將遭剪伐,這是必須眞正跳脫有用、無用的觀點,才能看清楚的。如〈逍遙遊〉中的宋人到越國賣冠帽,但是越人斷髮文身,所以宋人的冠帽因一無可用而遭到淘汰,就是最好的證明。〔註17〕櫟樹深明此理,故寄託於社之用,以成其無用,亦即是成一己之大用,以「善始善終」(〈大宗師〉),善於安頓生命的終始,此即是「無用之用」。

櫟樹且以爲不論是人是物,其實都還是物,物與物之間不應當在有用的常理上相互類比,因爲建立在有用常理上的類比,抹殺了每一物獨特的存在意義。只有讓各物呈現其天然差別的秉性,才能有符合事物各自性情的施設,來呈現每一物獨特的存在意義。

葉海煙先生對「無所可用」也有很深入的分析,他認爲「用」是因某些現實條件所形成,一旦這些條件有所變動,「用」也會變動,若不執滯在某一現實情況或存在條件,「用」就會成爲大用、妙用、無用之用。而生命的大用是生命主體與客境互動所致,若能保持此一互動的生命歷程,道之大用將不會陷落,生命之大用亦將永不消退。〔註18〕如同〈逍遙遊〉中的樗樹,「不夭斤斧,物無害者,無所可用,安所困苦哉!」得生命之大用,生命將無所困苦而安樂無窮。

可見所謂的「無所可用」,乃是回到道之大用,跳脫一般習慣性思考,而有全新的妙用,這正呈現出道的創新精神。知無所可用,生命乃得解脫而有大用。此就器物而言,亦是得道之大用,跳脫習常性思考,而能有無限發展的可能,而得創新。故說跳脫習常性思考之後,器物的發展於焉開展。

四、與時俱化的器物發展

當人不再執滯於器物的習常運用而回到道的大用,器物的發展就有無限

〔註17〕〈逍遙遊〉:「宋人資章甫而適諸越,越人斷髮文身,無所用之。」
〔註18〕見葉海煙:《莊子的生命哲學》(台北:東大,1990年),頁206。

可能，因爲不同的使用方式會造成不同的結果。〈逍遙遊〉說：

> 惠子謂莊子曰：「魏王貽我大瓠之種，我樹之成而實五石，以盛水漿，
> 其堅不能自舉也；剖之以爲瓢，則瓠落無所容。非不呺然大也，吾
> 爲其無用而掊之。」莊子曰：「夫子固拙於用大矣。宋人有善爲不龜
> 手之藥者，世世以洴澼絖爲事。客聞之，請買其方以百金。聚族而
> 謀曰：『我世世爲洴澼絖，不過數金；今一朝而鬻技百金，請與之。』
> 客得之，以說吳王。越有難，吳王使之將，冬與越人水戰，大敗越
> 人，裂地而封之。能不龜手，一也，或以封，或不免於洴澼絖，則
> 所用之異也。今子有五石之瓠，何不慮以爲大樽而浮乎江湖，而憂
> 其瓠落無所容？則夫子猶有蓬之心也夫！」

有蓬之心，即心有執滯，未能暢曉眞知，不得謂之逍遙。惠子見五石之瓠不
能盛水漿，不能爲瓢取水，就將它擊碎，不知可以爲腰舟以浮遊於江湖。正
如世世飄洗絲絮的人，空有不龜手之藥，不知善用，而客用之卻得封賞土地，
這正是使用方式不同所造成的。〔註19〕

　　不龜手之藥由飄洗絲絮之用變爲軍事用途，就等於有了新的運用，「用」
有了新的發展，當器物有了新的運用，就可能發明出新的器物，以求能更適
切、更方便、更精準的運用，一旦新的器物發明了，器物也就邁向新的發展。
新的發明又可能會帶動新的運用，以求更新的發明，兩相循環，而無終極，
就像大化沒有終極，創新永不停止。換言之，如果一方遭到廢置，另一方也
就會有所停滯，兩者是必然的結合關係。

　　惠子執滯於瓠的習常用處，終於一無所得，也就是必然的結果，所以莊
子批評惠子「拙於用大」，不知靈慧變通以適切地運用器物，可見《莊子》十
分重視器物的運用。

　　〈天地〉中漢陰丈人所說的「機心」可說是「有蓬之心」觀念的引伸，
此寓言也可見《莊子》一書並不否定器物發展：〔註20〕

> 子貢南遊於楚，反於晉，過漢陰，見一丈人方將爲圃畦，鑿隧而入井，
> 抱甕而出灌，搰搰然用力甚多而見功寡。子貢曰：「有械於此，一日

〔註19〕 顧文炳先生說：「對同一事物要用『大用』、『小用』來權衡得失。莊子所言『大
　　　　用』就有優化選取的意思。」見《莊子思維模式新論》（上海：上海社會科學
　　　　院出版社，1993 年），頁 136。

〔註20〕 王叔岷先生以爲〈天地〉是戰國晚期學莊之徒託諸莊子者，不致出於秦後，
　　　　因爲《呂氏春秋》已有用此篇之文。見《莊子校詮（上）》，頁 432。

浸百畦，用力甚寡而見功多，夫子不欲乎？」爲圃者卬而視之曰：「奈
何？」曰：「鑿木爲機，後重前輕，挈水若抽，數如泆湯，其名爲槔。」
爲圃者忿然作色而笑曰：「吾聞之吾師，有機械者必有機事，有機事
者必有機心。機心存於胸中，則純白不備；純白不備，則神生不定；
神生不定者，道之所不載也。吾非不知，羞而不爲也。」子貢瞞然慚，
俯而不對。有閒，爲圃者曰：「子奚爲者邪？」曰：「孔丘之徒也。」
爲圃者曰：「子非夫博學以擬聖，於于以蓋眾，獨弦哀歌以賣名聲於
天下者乎？汝方將忘汝神氣，墮汝形骸，而庶幾乎！而身之不能治，
而何暇治天下乎？子往矣，無乏吾事！」子貢卑陬失色，頊頊然不自
得，行三十里而後愈。其弟子曰：「向之人何爲者邪？夫子何故見之
變容失色，終日不自反邪？」曰：「始吾以爲天下一人耳，不知復有
夫人也。吾聞之夫子，事求可，功求成。用力少，見功多者，聖人之
道。今徒不然。執道者德全，德全者形全，形全者神全。神全者，聖
人之道也。託生與民並行而不知其所之，汒乎淳備哉！功利機巧必忘
夫人之心。若夫人者，非其志不之，非其心不爲。雖以天下譽之，得
其所謂，謷然不顧；以天下非之，失其所謂，儻然不受。天下之非譽，
無益損焉，是謂全德之人哉！我之謂風波之民。」反於魯，以告孔子。
孔子曰：「彼假脩渾沌氏之術者也，識其一，不知其二；治其內，而
不治其外。夫明白入素，無爲復朴，體性抱神，以遊世俗之間者，汝
將固驚邪？且渾沌氏之術，予與汝何足以識之哉！」

此則可分成幾層討論。首先，「有機械者必有機事，有機事者必有機心」，這
一直是討論的重點，機械也是器物的一種。從這句話來看，有機心乃是自有
機事、機械反推而知，但若無機心亦須爲所當爲之事，爲事就會用及器物，
於理，不能說用及器物就說有機心，但漢陰丈人卻以爲有機械者必有機心，
這顯然是倒果爲因，且因此反對運用器物，反對器物發展，更是大謬！

因有機械、機事而有機心，顯然是執滯於器物，不能乘物遊心，就內心
有所執滯，不能暢曉眞知而言，機心其實就是「蓬之心」，所以孔子批評漢陰
丈人是「假脩渾沌氏之術者」，只識其一，不知其二；只錮閉內心，而不治理
外在。郭象注：「以其背今向古，羞爲世事，故知其非眞爲渾沌也。徒識脩古
抱灌之朴，而不知因時任物之易也。」〔註21〕成玄英疏：「夫渾沌者，無分別

〔註21〕見郭慶藩編，王孝魚整理：《莊子集釋》，頁 438。

之謂也。識其一,謂向古而不移也。不知其二,謂不能順今而適變。」〔註22〕意思是:漢陰丈人無法圓融古今變易、貫通內心與外物,當然不會達到與時俱化的境界。換句話說,眞正的至人之道,應當是「乘物以遊心」(〈人間世〉),沒有內外、古今的分別,一旦有了內外、古今的分別,就只能錮閉內心或維持外在行爲其中一面的圓融,而這其實就都不是眞正的圓融了。所以說漢陰丈人其實不懂至人之道,其心中仍有執滯而落入天刑,不得逍遙。

再者,子貢其實也不是眞正懂得至人之道的內涵,所以當漢陰丈人提出相異的看法時,他無法理解其缺憾,甚且以爲其能忘卻功利機巧,但事實上,漢陰丈人並非眞正忘卻功利機巧,而是因爲不能化去心中的功利機巧,所以只好逃避不去面對。若能眞正化去心中的功利機巧,對於機械器物的態度,就應是「乘物以遊心」,適當則用,不適當則不用,其用心豈會因外物而有所遷變?〈德充符〉說:「審乎無假而不與物遷,命物之化而守其宗。」正好指出漢陰丈人的缺憾。

楊儒賓先生的說法也頗能擊中要害,他說:「人間世眞能讓人永遠與文明隔絕,只能『其一也一』,不能『其不一也一』,這樣可以算是體道之士嗎?孔子因此批評漢陰丈人,認爲他『識其一不知其二』。眞正的道一定要透過具體的事物,透過『機事』,才能見眞章的。一言以蔽之,眞正的體道之士要能『乘物以遊心』。」〔註23〕能否遊心於具體的人間事物,才是「眞章」的評價標準,若避開具體的人間事物,就是缺憾。

〈天地〉中華封人的寓言也同樣說明應當乘物遊心的道理:

> 堯觀乎華。華封人曰:「嘻,聖人!請祝聖人。」「使聖人壽。」堯曰:「辭。」「使聖人富。」堯曰:「辭。」「使聖人多男子。」堯曰:「辭。」封人曰:「壽、富、多男子,人之所欲也,女獨不欲,何邪?」堯曰:「多男子則多懼,富則多事,壽則多辱。是三者,非所以養德也,故辭。」封人曰:「始也我以女爲聖人邪,今然君子也。天生萬民,必授之職,多男子而授之職,則何懼之有!富而使人分之,則何事之有!夫聖人,鶉居而鷇食,鳥行而無彰;天下有道,則與物皆昌;天下無道,則脩德就閒;千歲厭世,去而上僊;乘彼白雲,至於帝鄉;三患莫至,身常無殃;則何辱之有!」

〔註22〕見郭慶藩編,王孝魚整理:《莊子集釋》,頁438。
〔註23〕見楊儒賓:《莊周風貌》(台北,黎明,1991年),頁104。

此則是就人事而言，多男子則授之職，富則使人分之，若天下有道，則與眾人萬物同昌，若天下無道，則修德隱於其中，雖長壽而身常無殃，意謂事雖多，但只要安置妥當則能無殃，若因為可能多懼、多事、多辱，就捨棄而不敢面對，不就成了另一個「蓬之心」、「機心」嗎？不能乘物遊心以善加運用，又如何是聖人呢？難怪華封人要譏評了。

　　道乃是修養實踐而得，當然也能回歸於生活中，只要得此精神，外在的表現就可以依個人需要而加以變化，因為外在的表現乃隨其精神而呈現，萬變不離其宗。故移華封人之意於器物觀點而論，則使壽、富、多男子，即同於使器物多元發展，只要運用適當，器物是應該多元化發展的，且即使運用不能適當，器物發展仍不會停止，因為時代不斷向前奔馳，不會因人而異，縱使自己停止學習，器物的發展也不會停止。既然器物發展不論運用適當與否都不會停止，就更需要發展器物以預防、解決器物運用的不適當，不該執滯於機心而不敢發展。

　　〈徐無鬼〉指出：「為義偃兵，造兵之本也。」王先謙云：「號稱偃兵，敵國潛伺，是偃即造之本也。」〔註24〕意味一旦息兵，敵國潛伺，反而可能導致爭戰。同樣的，既然器物發展不可能停止，就更當發展器物以補救器物發展的不適當，若廢除自身的器物發展，則可能造成更大的災害。

　　至若外篇〈馬蹄〉「殘樸以為器，工匠之罪也」，〈胠篋〉「毀絕鉤繩，而棄規矩，攦工倕之指，而天下始人有其巧矣」，顯然與漢陰丈人同調，缺憾也與其相同，不用再論。〔註25〕唯一須說明的是，這雖然是《莊子》中反對科技的言論，〔註26〕但其論點已為上文所舉內、外篇觀點、批評所駁斥，故不構成矛盾，頂多也只能算是《莊子》中主要觀點的歧出。

　　至於〈繕性〉：「逮德下衰，及燧人、伏羲始為天下，是故順而不一。德

〔註24〕 見王先謙：《莊子集解》，頁211。王叔岷先生亦說：「美其名曰息兵，而實造兵者多矣。」見《莊子校詮（中）》，頁928。福永光司也說：「他們跟戰爭之肯定者立于同一價值觀同一世界觀之上，以否定戰爭。他們的否定戰爭，不過是翻了裏的戰爭之肯定而已。因此，他們的主張……一面在反對戰爭，卻反而在將戰爭推進。」見陳冠學譯：《莊子（古代中國的存在主義）》（台北：三民，1992年），頁90。

〔註25〕 焦竑曰：「秕糠瓦礫，道無不載。……明乎非蒙莊之意矣。」轉引自錢穆：《莊子纂箋》（台北：東大，1993年），頁72。

〔註26〕 見刁生虎：〈莊子科技觀及其哲學基礎〉，《開封大學學報》，第15卷第1期（2001年3月），頁6～12。

又下衰，及神農、黃帝始爲天下，是故安而不順。德又下衰，及唐、虞始爲天下，興治化之流，澆淳散朴，離道以善，險德以行，然後去性而從於心。心與心識知而不足以定天下，然後附之以文，益之以博。文滅質，博溺心，然後民始惑亂，無以反其性情而復其初。」如此借古諷今的寫法，倒不一定是批評器物的發展，而是批評了時移世易下的人心競博文飾，故離道德純樸之世愈來愈遠。若真是批評器物發展，上文的批評駁斥也一樣適用的。

五、結　語

《莊子》的科技器物觀點，從「乘物以遊心」、「物物而不物於物」出發，批評惠施拙於用大、有蓬之心，發展而爲反對機心，肯定器物發展，有其一貫的立場。

從「周與胡蝶，則必有分矣」，可見《莊子》極重視差別性，莊周與蝴蝶是自然之分，亦皆是道、造化所現，若否定自然之分，即等於否定道、造化。再者，就道無所不在言，人爲的製作、器物亦爲道的展現，不論分、成、毀，只要物各有所用，即各得其性，而歸於平等。〔註27〕

道與器物的關係並非限定於一物、一用上，而是如〈山木〉所言：「處夫材與不材之間，……與時俱化，而無肯專爲。」人自處於道，與道、與時俱化，亦能使器物與道、與時俱化，不斷發展。也就是說，在這些器物的變化中，人也能成爲大化假手的對象，去進行器物的變化發展，而所有器物，歸於道之所成、所展現。

無用之用是得己之大用，一己生命的解脫。此就器物來看，當其無用，反得以回到道之大用，得無限發展的可能，而得創新。且一旦破除習常固定的模式，用與無用的界線也被破除，器物不論有用、無用，都有無限發展的可能，也因此器物的發展就不可能停止，所以所有要求器物發展停止，或否定器物發展、回歸原始的理論，都失之偏頗。

當器物功用與無所可用的觀點結合，器物發展就有無限的可能，〈秋水〉篇也說：「夫物，量無窮，時無止，分無常，終始無故。」雖然此指萬物的數量無窮，時序發展無止息，得失分化沒有一定，終始變化也沒有固定。但若以器物來說不也是如此嗎？天地萬物皆可以爲器物，故器物的數量無窮，而

〔註27〕徐復觀先生說：「物之用，即是道在物身上的顯現。」見《中國人性論史》，頁402。

器物的發展無止期，器物的得失分化、終始變化也不會一成不變。顯然，要對器物加以禁止或廢棄都不可能。因此，人在器物發展上的著重點就不當爲器物所局限，而當變化運用以得其逍遙。

要得逍遙，破除「機心」就是極爲重要的事。所謂「機心」，乃是執滯於器物而生，其實就是「蓬之心」。因有機心而廢棄器物運用、發展，是倒果爲因的謬行。且因爲不能化去心中的功利機巧，就棄置器物不用，顯然是一種逃避。眞正化去心中功利機巧的至人，能乘物遊心，故其用心不會因外物而有所遷變，適當的器物則用，不適當則不用。

只要運用適當，器物是應該多元發展的。但若運用不適當，還是應該發展，以補救運用的不適當，因爲器物的發展不可能停止，也無法確定器物運用都會適當。且爲解決不斷面臨的問題，器物發展不僅不該停止、廢棄，反而更應該不斷開展，只有不斷開展才能解決不斷面臨的問題。器物發展與用是必然的結合關係，如果一方遭到廢置，另一方也會停滯。既然《莊子》中強調用，也就等於強調器物發展。

至若外篇中少數看似否定器物發展的觀點，如〈馬蹄〉「殘樸以爲器，工匠之罪也」，〈胠篋〉「毀絕鉤繩，而棄規矩，攦工倕之指，而天下始人有其巧矣」，其缺憾顯然與漢陰丈人相同，早爲「乘物以遊心」所批評駁斥，故不構成矛盾，頂多也只能算是《莊子》中主要觀點的歧出。

可見，《莊子》的器物觀點與無所可用、道的創新精神結合，承認器物發展不會停止，且不僅不該否定，反而應該「與時俱化」，不斷開展。

（本文原刊於《文與哲》第 4 期（2004.6），頁 67～85 頁）

附錄三：《莊子》對大戒、天刑的消解

孫吉志

摘　要

　　《莊子‧逍遙遊》中的「猶有未樹」、「猶有所待」，〈大宗師〉中的「可矣，猶未也」，使修養進路益形顯豁。此法不以是非論斷的方式來開展境界，而是直接創造更寬廣的視野、更宏闊的空間、更精妙圓融的境界，希冀個人透視表象行為的內在意蘊，不執滯於現有的成就，並不斷開拓、進展，以同於大通。

　　再者，《莊子》對「無所逃」、「不可解」的問題，除了強調「自事其心者，哀樂不易施乎前，知其不可奈何而安之若命」，「行事之情而忘其身」，以破除「大戒」的侷限，更強調應當從情感上做積極的調適，使心靈不役於外物，進而「乘物以遊心」，成就至德，如此便能自然地消解忘懷大戒（義、命）。

　　至於「天刑」與「遁天之刑」，意義相同，都是自己有所執滯，並自是偏狹所造成，並非外在人物所加的懲罰，故其根源正在自己，可說是「刑者自刑」。故「天刑之，安可解」並非說不可解除天刑，而是說當人既已執滯，又自是無所容，則天刑真成不可解。但若能保持客觀而不自是，不復執滯，則天刑自解，而得逍遙。若天刑不可解，逍遙即不可得，所有體道實踐的進程亦成虛妄。

關鍵字：莊子，道家，逍遙，天刑，大戒

一、前　言

　　《莊子》最重要的觀念就是逍遙，要達至逍遙有其進程層次，但各層次間的跨越、開展之法，卻幾無人討論，〔註1〕而〈逍遙遊〉中提及的「猶有未樹」、「猶有所待」，〈大宗師〉中提及的「可矣，猶未也」，其實都是重要的概念，應當深入說明，不當輕忽。

　　再者，《莊子‧人間世》云：「天下有大戒二：其一，命也；其一，義也。……無所逃於天地之間，是之謂大戒。」〈德充符〉云「天刑之，安可解？」〔註2〕彷彿一面對「大戒」、「天刑」，就充滿了深沈的無奈、無法消解的痛苦。尤其「天刑之」一語，彷彿是上天所予的刑罰，更非人力所能消解，故學者多感茫惑，不知如何解除，亦以為不可解，如郭象注云：「非為名則至矣，而終不免乎名，則孰能解之哉？」成玄英疏云：「天然刑戮，不可解也。」〔註3〕都是如此觀點。

　　然而《莊子》功夫修養進路的「逍遙」義，其實對「無所逃」、「不可解」的問題都預示了消解的方式。也就是說，功夫修養進路的《莊子》「逍遙」義，其實有一整套達成至人的修養方法，而所謂的「無所逃」、「不可解」，其實都是個人執滯於某些表象，或是偏執於某些偏狹的概念，因此不得逍遙。如「天刑」一義，其實與〈養生主〉中「遁天之刑」的意義相近，意味違逆天道自然的刑罰。而天刑的根源，其實來自於個人，若能以《莊子》所預示的達成至人功夫消解執滯，破除偏執，自能有無限開展的空間而得逍遙。

　　由於「大戒」、「天刑」都出自《莊子》內篇，莊學學者普遍亦以為內篇有其完整意義脈絡，因此本文擬採以《莊》解《莊》的方式，先說明《莊子》一書提示的達至至人進程中各層次間的開展之法，而後解析內篇對「大戒」、「天刑」的意義，兼及外篇的相關概念，藉由文本脈絡的詮釋，以及各章節之間的相互印證，簡要說明逍遙的功夫修養進路與境界，並由此探討「大戒」、

〔註1〕或以是非辯證的方式說明如何進展，如葉海煙說：「莊子之肯定是非與否定是非，須是在無數的概念層級中，不斷以高一層的是非，取消低一層的是非，以一再撤除吾人思想之藩籬。」見葉海煙：《莊子的生命哲學》（台北：東大，1990年4月），頁171。此說的問題點是：如何證明是非之間何者為高一層，何者為低一層？且《莊子》本就否定是非辯論，故此說不能成立。

〔註2〕見郭慶藩編，王孝魚整理：《莊子集釋》（台北：群玉堂，1991年10月），頁153，頁201。本文所引莊子原文皆出自此書，下文不再註明出處。

〔註3〕見郭慶藩編，王孝魚整理：《莊子集釋》，頁206。

「天刑」的意義及消解之法，以見《莊子》修養功夫的通透明澈。

二、逍遙的修養進路與境界

　　《莊子》認爲修養實踐有不同層次的境界分別，而其中的分別並不以是非來論斷，而是從「猶有未樹」的觀念來談。〈逍遙遊〉云：

> 夫知效一官，行比一鄉，德合一君，而徵一國者，其自視也亦若此矣。而宋榮子猶然笑之。且舉世而譽之而不加勸，舉世而非之而不加沮，定乎內外之分，辯乎榮辱之境，斯已矣。彼其於世，未數數然也。雖然，猶有未樹也。夫列子御風而行，泠然善也，旬有五日而後反。彼於致福者，未數數然也。此雖免乎行，猶有所待者也。若夫乘天地之正，而御六氣之辯，以遊無窮者，彼且惡乎待哉！故曰：至人無己，神人無功，聖人無名。

此將人的德行修養分爲四層。第一層是「知效一官，行比一鄉，德合一君，而徵一國者」，他們就猶如學鳩、斥鴳這一類小鳥一樣，囿於一隅而沾沾自喜，將當下世俗的聲譽、成就作爲個人生命的價值，以爲這就是生命的一切，一旦不受世俗肯定，即落寞寡歡，沒有長遠廣大、規模宏闊的志慮，所知極爲局限、不足。

　　第二層的修養如宋榮子，他的修養比前者高出許多，達到「定乎內外之分，辯乎榮辱之境」的地步，堅毅、沈穩，不受一般人眼光、評價所左右，但這「只做到內外隔絕，使外界的毀譽不入於心」，「尚沒有在心上做工夫」，〔註4〕這也表示他尚不能消除內外的隔閡，不能消除榮辱之想，故仍爲榮辱名聲所侷限，所以仍然笑第一層的人，而笑，也顯示出宋榮子的自是自滿、主觀別異，〔註5〕因而自我侷限，在修養境界上不能有更大的進展，無法如眞正逍遙者安於彼、我之異，絕去榮辱之分，不會訕笑異於己者，不會自是，亦即無己、無功、無名。故《莊子》書中批評宋榮子「猶有未樹」，猶有不足，

〔註4〕　見吳怡：《新譯莊子內篇解義》（台北：三民，2004年1月），頁30。
〔註5〕　劉武說：「定內外，辨榮辱，是尚有物我榮辱之見存，猶未能脫然無累，卓然自樹也。且定內外之分，未能無己也；辨榮辱之境，未能無功與名也。未能無己、無功與名，心亦何能逍遙乎？」見劉武：《莊子內篇集解補正》（台北：漢京，1988年12月），頁12。嚴復說：「斥鴳者，以小笑大者也；宋榮子者，以大笑小者也。皆不知逍遙遊之旨也。」見方勇，陸永品著：《莊子詮評》（成都：巴蜀書社，1998年9月），頁15，引嚴復：《莊子評點》。

劉辰翁說：「未樹，猶有所倚也。」〔註6〕猶有所倚即猶有所待，可見猶有未樹的意思同於猶有所待，有所待，則猶有不足。

這裡應當突顯「猶有未樹」的意義。猶有未樹，不僅不是一般的肯定、否定態度，也不是轉換思考角度，更不以是非論證的方式解決修養功夫進程中層層開展的問題，而是以尚有不足，尚有可以開拓、進展的空間，提供一個視野更加宏闊，體驗更加精妙，更可以不斷發展的世界，永遠有進展的世界。這可說是《莊子》提供修養進程中層層開展的重要觀點，不當小覷。若不從此角度開展，將可能落入兩大無法解決的問題裡，一是落入是非論證的泥沼中，是其所是，非其所非，無法超拔。〔註7〕一是可能落入個人經驗侷限之中，自滿自是，或者畏懼，而對事物做出錯誤的判讀，失去進展的機會，一如〈逍遙遊〉中連叔批評肩吾之語：「瞽者無以與乎文章之觀，聾者無以與乎鐘鼓之聲。豈唯形骸有聾盲哉？夫知亦有之。」「知」的聾盲，將使個人失卻許多開展的機會。

第三層如列子，雖已泯除內外之分，絕除榮辱之想，且不會如同世俗之人汲汲營營地求福、求全，〔註8〕但卻須待風才能逍遙而遊，顯然仍有待於外物、執滯於我見，不能無己，精神不得自由逍遙，故說「猶有所待」，尚有可以發展的空間。

第四層則如至人，與道、與天地的一切變化合一，無己、功、名的侷限，遊於無窮，因為道的變化無窮無盡，至人的心靈與道合一，也就與道變化無窮，達於無所待之境，這才是真正的逍遙。「乘天地之正，而御六氣之辯」，意謂依順自然大化之正、變，但其實自然大化無所謂正、變，正、變同屬於

〔註6〕 見錢穆：《莊子纂箋》（台北：東大，1993年1月），頁3，引劉辰翁為注。

〔註7〕 〈齊物論〉中云：「既使我與若辯矣，若勝我，我不若勝，若果是也，我果非也邪？我勝若，若不吾勝，我果是也，而果非也邪？其或是也，其或非也邪？其俱是也，其俱非也邪？我與若不能相知也，則人固受黮闇，吾誰使正之？使同乎若者正之？既與若同矣，惡能正之！使同乎我者正之？既同乎我矣，惡能正之！使異乎我與若者正之？既異乎我與若矣，惡能正之！使同乎我與若者正之？既同乎我與若矣，惡能正之！」認為是非對錯，無法從邏輯論證中得知。可見《莊子》摒棄是非論證的態度。

〔註8〕 劉武說：「此喻列子尚不能如至人之無己。蓋福者，一己免乎行，御風泠然而善之福也。列子猶待風而行，是未能捨己之福，即未能無己也，特不汲求此福而已。」見劉武：《莊子內篇集解補正》，頁13～14。吳怡認為「未數數」是不多見之意，意謂列子的境界在追求福樂的人中，亦不多見。見吳怡：《新譯莊子內篇解義》，頁30。此說可供參考。

自然大化，〔註9〕這只是以排比句型增添行文的氣勢。

〈逍遙遊〉此則分立四層不斷進展的境界，使修養功夫益形顯豁。從「猶有未樹」、「猶有所待」中，可發現修養實踐其實更強調不斷開拓、進展的一面，使修養實踐永無止盡，而這樣的進程，並不是以是非論證的方式來進步，而是直接創造一個更寬廣的視野、更宏闊的空間、更精妙圓融的境界，希冀個人不要自滿自是，不要主觀別異，不要偏狹侷促於經驗之中，不要執滯於現有的成就，要不斷進步。其中的修養方式，不僅不可追求表象行為的同異以迎合世俗，亦不可僅止於「不動心」，以求毀譽不入於心，更不可執滯於我見，拘束於外物，而使精神不得逍遙，應透視行為的內在意涵，追求無己、無功、無名的境界，以體現自然大化。

「猶有未樹」亦與〈大宗師〉中「可矣，猶未也」一詞，有異曲同工之妙。〈大宗師〉中借孔子與顏回討論「坐忘」，展現其意涵及至人的境界：

> 顏回曰：「回益矣。」仲尼曰：「何謂也？」曰：「回忘仁義矣！」曰：
> 「可矣，猶未也。」他日復見，曰：「回益矣。」曰：「何謂也？」
> 曰：「回忘禮樂矣。」曰：「可矣，猶未也。」他日復見，曰：「回益
> 矣！」曰：「何謂也？」曰：「回坐忘矣。」仲尼蹴然曰：「何謂坐忘？」
> 顏回曰：「墮肢體，黜聰明，離形去知，同於大通，此謂坐忘。」仲
> 尼曰：「同則無好也，化則無常也。而果其賢乎！丘也請從而後也。」

每當顏回的學習有所進展而自滿時，孔子即告戒顏回：「可矣，猶未也。」不採用、跳脫是非論證的方法，而肯定其價值，並指出其有所不足，直接創造一個更寬廣的視野、更宏大的空間、更精妙圓融的境界，希冀顏回不要自滿而執滯於現有的成就，不要自是偏狹，不要過於主觀別異。而經二次告誡，顏回亦不負孔子的期望，終達「坐忘」之境。這與〈齊物論〉所云：「是非之彰也，道之所以虧也。」摒棄是非論證的態度是一致的，亦可顯示修養進程的層次是因人而異，並無固定，不是照表操課就能收到立竿見影之效。

再者，仁義、禮樂之忘，〔註10〕即是回歸於己身內在的探索、成長，而

〔註9〕陳冠學先生說：「『自然』是包含『正』與『變』的，單以『正』解『自然』，或以『自然』解『正』是不相應的。」見陳冠學：《莊子新注》（台北：東大，1989年9月），頁44。

〔註10〕「仁義」、「禮樂」二詞位置的問題，前人多主應對調，但方勇、陸永品在《莊子詮評》中指出：〈大宗師〉寫孟孫才「唯簡之而不得」，寫孟子反、子琴張因「臨尸而歌」見譏，正說明世俗之禮陳陳相因，忘之不易，所以雖悟道若

忘卻世俗的羈絆、忘卻外在表象形貌的追求。也就是說，對外在事物並非全然不理會，而是心中不再有所掛礙。不然，此文中的顏回如何與仲尼交接、如何處世呢？〈德充符〉中的王駘如何教化眾人呢？

> 同樣的，「坐忘」也是如此。「坐忘」，簡單說就是「離形去知，同於大通」，同樣是體解大道的至人逍遙境界。「墮肢體」不是要隳壞肢體，而是要忘形，也就是離形，「黜聰明」就是去知，而離形與去知有相互含括的成分，但不能如徐復觀所說：「忘掉分解性的、概念性的知識活動。」〔註11〕若從文本的脈絡意義來看，離形去知了，也就同於大通了，所以「離形去知」等於「同於大通」，其意義也可說是無好、無常，沒有偏好、偏執，不執滯於故常。所以說離形就是忘形，雖有形體，但是不偏執、偏好自身的形體，並忘卻因此形體而有的內外之分、仁義禮樂之想、主觀別異、自是偏狹、自滿偏執等認知活動。顯然這並沒有直接排除分解性、概念性的知識活動的意思，若排除分解性、概念性的活動，顏回又如何能與孔子談論「坐忘」之意呢？〈大宗師〉中的孟孫才又如何能「唯簡之而不得」，又如何能「人哭亦哭」呢？又如何能「應於化而解於物」（〈天下〉）呢？
> 現實生活中必然是有這些認知活動的。

故「離形」只是要人自事其心以忘掉仁義禮樂，絕去內外之分、主觀別異之想，讓內心從主觀的偏狹侷促、自是執滯中，從客觀環境的壓迫中，解放出來，全然無拘束，遊心於物，而這也是「去知」的工夫。

於此，坐忘的意義明白了，是離形去知，同於大通，沒有了對自身形體的偏好、偏執，也絕除因此形體而有的內外之分、仁義禮樂之想、主觀別異、自是偏狹、自滿偏執等等認知活動，因此不會執滯故常，而有同於大道的喜樂，這正是〈齊物論〉中「喪我」、「天籟」的境界，也是〈達生〉篇說的：「知

孟孫才，仍須「人哭亦哭」。但他卻可以不流淚、不悲戚、不哀傷，從心底盡去仁義、孝道之實，而仍無害「善喪」之名。由此可知，忘仁義實易於忘禮樂，故孫月峰之說，「忘仁義只是去是非心，忘禮樂則全然不拘束矣，故忘禮樂在忘仁義後。」是可從的。宣穎亦從此說，故「仁義」與「禮樂」二詞的位置無須互換。參見方勇，陸永品著：《莊子詮評》，頁206～207，註〔二〕條。吳怡亦主此說，他說：「仁義是道德觀念，比較抽象，所以容易去忘，而禮樂卻是具體生活上的實行，所以比較近切，而需多做工夫去忘。」見見吳怡：《新譯莊子內篇解義》，頁264。
〔註11〕見徐復觀：《中國藝術精神》（台北：台灣學生，1992年7月），頁73。

忘是非，心之適也；不內變，不外從，事會之適也。始乎適而未嘗不適者，忘適之適也。」不論處在任何環境都能安適，且忘了這份安適。

因此，「坐忘」的境界即是逍遙體道的境界，亦同於無己、無功、無名的至人境界，而在此一境界中，並非默坐無事，而是如〈應帝王〉、〈天下〉的描述：

> 體盡無窮，而游無朕。盡其所受乎天，而無見得，亦虛而已！至人之用心若鏡，不將不迎，應而不藏，故能勝物而不傷。（〈應帝王〉）

> 彼其充實不可以已。上與造物者游，而下與外死生無終始者為友。其於本也，弘大而辟，深閎而肆；其於宗也，可謂稠適而上遂矣。雖然，其應於化而解於物也，其理不竭，其來不蛻，芒乎昧乎，未之盡者。（〈天下〉）

當生命寧定而不妄動，即無須刻意去測知天地的變化，天地的無窮變化亦將自然呈現於自身，故說盡己所秉受的自然，所見、所得皆在所秉受的自然之中而不再執滯，即是虛，亦可說是心齋。〈大宗師〉說真人：「淒然似秋，煖然似春，喜怒通四時，與物有宜而莫知其極。」即是說明體道者與道冥合、無止盡的境界。此時知物又不為物所擾動，故〈天道〉曰：「聖人之靜也，非曰靜也善，故靜也；萬物無足以鐃心者，故靜也。」生命寧定，不被物鐃心，亦不傷物，萬物都能自由而平等，顯其真意，〔註12〕故能上與造物者遊，下亦與得道者為友。〔註13〕但又並非僅是如此空靈超脫，至人亦順應大化而通達於萬物，解決物情而不受萬物的束縛，依於天理，解除執滯，故用無窮，來無端，〔註14〕不脫離於道，沒有窮盡。

綜上所述，可知逍遙與否其實端視個人的修養功夫、心量寬廣與否，與外物、他律皆無關。若能超越表象行為的同異而透視其內在意蘊，不汲汲迎合世俗的仁義禮樂而拘束於外物，跳脫自滿自是、主觀別異、偏狹侷促的情

〔註12〕徐復觀的解說很正確，他說：因為是在靜的精神狀態下知物，所以知物而不為物所擾動。知物而不為物所擾動的情形，正如鏡之照物。「不將不迎」，這恰是說明知覺直觀的情景。「勝物而不傷」的勝，不是戰勝的勝；應當做平聲讀，乃是對任何物皆能（勝）作不迎不將的自由而平等的觀照之意。見徐復觀：《中國藝術精神》，頁 82。

〔註13〕見王叔岷：《莊子校詮》（台北：中央研究院歷史語言研究所，1994 年 4 月），頁 1348。

〔註14〕見宣穎《莊子南華經解》（台北：廣文，1978 年 7 月），卷六。

感、經驗，將體現更寬廣的視野、更宏闊的空間、更精妙圓融的境界，而同於大通。明此意義，則可繼續討論大戒與天刑如何消解。

三、自事其心——對大戒的消解

當下生命最大的必然與偶然遭遇，皆可歸之於爲客觀環境與親子關係，爲此，《莊子》對於當下生命的客觀環境與親情，提出義、命兩個觀點，也就是「大戒」，以解釋生活中必然與偶然的遭遇，並宣說面對這些遭遇時所應抱持的態度。〈人間世〉云：

> 天下有大戒二：其一，命也；其一，義也。子之愛親，命也，不可解於心；臣之事君，義也，無適而非君也，無所逃於天地之間。是之謂大戒。是以夫事其親者，不擇地而安之，孝之至也；夫事其君者，不擇事而安之，忠之盛也；自事其心者，哀樂不易施乎前，知其不可奈何而安之若命，德之至也。爲人臣、子者，固有所不得已，行事之情而忘其身，何暇至於悅生而惡死！

要討論大戒的問題，首先必須從文本脈絡意義說明這一段話的重點何在。整段話由命與義起始，最終歸結於「行事之情而忘其身（依事情的實際情況進行而不顧慮自身）」，而不是歸結在大戒上。這等於說提出大戒的目的是在「忘」——忘其身，而非不可逾越的外在事物（大戒），與逍遙同樣強調個人心性修養的重要，外物不能成爲決定個人逍遙與否的必要條件。

文中尚可分出一小段，由「事其親者」始，歸結爲「自事其心者」，說孝、說忠，卻以自事其心的「哀樂不易施乎前，知其不可奈何而安之若命」，爲德之至，爲最高的德行，因此可以說「安之若命」的至德遠過於忠、孝，「安之若命」的至德才是此一小段文章脈絡的重點。可見這整段話的重點在安之若命的至德，在忘，而不是大戒。〈人間世〉中更云：

> 且夫乘物以遊心，託不得已以養中，至矣。

乘物遊心，即是逍遙。有所不得已，則養其心，依順事物的發展情勢，使心靈在物的變化中逍遙自適，不受物的干擾。誠如〈德充符〉中的叔山無趾，雖然亡其足，終強調「猶有尊足者存」，不能因爲外物而迷失心靈。〈大宗師〉中亦云：

> 彼以天爲父，而身猶愛之，而況其卓乎！人特以有君爲愈乎己，而身猶死之，而況其眞乎！

所謂「卓」、「真」，皆指道，也就是至人所體會得的至德，至德遠遠超越於對君的忠、對於父的孝，自然也消解了無所逃的義、不可解的命，給出了精神無待的自在空間。〔註15〕

　　然而欲求行事之情實而忘其身，事實上必須看如何「自事其心」。王夫之說：「夫五官百骸豈知悅生而惡死哉？心悅之，心惡之耳。」〔註16〕五官百骸不會有悅生惡死的情緒，真正有悅生惡死情緒的是心，所以如何「自事其心」，使心不會悅生惡死，達到「哀樂不易施乎前，知其不可奈何而安之若命」的至德，更形重要。

　　所以自事其心以忘其身，就是要人將心力完全投注於事情的實際狀況上，盡力而為，不考慮自身得失，而將成敗歸之於命，不使心靈役於外物。因為自身得失安危，事物的成敗，往往受限於客觀環境的影響，個體並不能全面掌控，既不能全面掌控，其結果也就當歸之於命，不需因此而鐃心。若將心力投注於自身，過度看重事物的成敗與否，反而會生出諸多情緒而擾動內心的安適，甚至因顧慮個人的安危而遷令勸成，長遠來看，不一定是好事。且改易君命，強助成就，都屬於過度，溢出，是執滯於外物所成，對內心修養是一大傷害，故當摒棄。〔註17〕

　　再者，若將心力投注於目前可以解決的客觀環境問題，這便是「不擇地而安之」的孝、「不擇事而安之」的義，自然也就不會想到安危哀樂。至於客觀環境的問題，不論有沒有解決，會有什麼樣的結果，就不是重要的了，因為結果不是可以任由個體選擇，也無以名之，只能從情感上做積極的調適，使內心保持安適，這就是「安之若命」的積極意涵。

　　所以若能自事其心，使心靈不役於外物，就不易有哀樂來擾亂情緒，而能安之若命，內心保持安適，成就至德，而作為大戒的義、命很自然地就被消解、忘懷了。〔註18〕可見《莊子》絕非命定論者，因為《莊子》的修養實

〔註15〕　見王邦雄：〈道家思想的倫理空間——論莊子命與義的理念〉，《現代化研究》，第十期（1997年4月），頁8。
〔註16〕　見王夫之：《莊子通・莊子解》（台北：里仁，1995年4月），頁41。
〔註17〕　〈人間世〉：「『無遷令，無勸成，過度，益也。』遷令、勸成，殆事，美成在久，惡成不及改，可不慎與！」
〔註18〕　牟宗三先生曾說：莊子「無恆化」即是想把這一切不能掌握的遭遇盡歸之于自然之化而只「循斯須」以乘之而轉，這乘之而轉，轉而無轉，即是「獨化」，此時「命」之義即被化掉。……但到此境界，一切都無可說，不但「命」被越過，即正面一切東西亦被忘掉。見牟宗三：《圓善論》（台北：台灣學生，

踐並不停留在命定論裡，反而強調要不斷提升內心修養，破除種種宿命論的妄誕與不可能，以至於逍遙忘我的境界。〔註19〕

四、天刑的意涵：刑者自刑

以「自事其心」，「知其不可奈何而安之若命」，「乘物以遊心」的觀念，可知《莊子》強調不斷提升個人修養以至於至人，不接受宿命論，要擺落外物的束縛，故〈德充符〉云：「天刑之，安可解？」〔註20〕其實是有待商榷的。

「天刑」一詞，前人或釋爲天然刑罰，如成玄英，或釋爲天罰之，賦予「天」人格，如林希逸曰：「天刑之，猶天罰之，不與之以道也。」〔註21〕皆過於著重「天」所成、所束縛的部分，忽略了人可以透過修養實踐而有所開展成就，當然也就可能因修養不足而造成天刑。檢視「天刑」出處章節，僅有一則，雖然稀少，但意義卻重大，有必要加以說明。〈德充符〉云：

> 無趾語老聃曰：「孔丘之於至人，其未邪？彼何賓賓以學子爲？彼且蘄以諔詭幻怪之名聞，不知至人之以是爲己桎梏邪？」老聃曰：「胡不直使彼以死生爲一條，以可不可爲一貫者，解其桎梏，其可乎？」
>
> 無趾曰：「天刑之，安可解！」

無趾批評孔丘「天刑之，安可解」，但從文本脈絡來看，他認爲孔丘的天刑，其實一是「賓賓以學子」，一是「蘄以諔詭幻怪之名聞」。賓賓以學子，即是頻頻學於老聃，表示孔丘執滯於外在的形跡，想藉著仿效形跡以達成至人，

1985 年 7 月），頁 144。

〔註19〕 吳建明說：「莊子絕非命定論者，如果說莊子哲學是一種命定論，那麼其生命的體道實踐終將成爲妄誕與不可能，莊子的逍遙也不可被理解。」見吳建明：《莊子安命哲學之探究》，南華大學哲學研究所，碩士論文，1999 年，頁 77。

〔註20〕 「天刑之」，原爲動詞句，但前人多以名詞「天刑」稱之，本文依前人用語之習，亦使用名詞「天刑」，以方便與「遁天之刑」一起討論。前人如成玄英已用「天刑」一詞，且他解釋「天刑之」爲天然刑戮，已是將動詞名詞化了，並將「天刑」與「遁天之刑」同列於一則中。見郭慶藩編，王孝魚整理：《莊子集釋》，頁 206，頁 129。吳怡認爲『「天刑」在《莊子》書中本是指自然的變化，如生死』，不知何指？因「天刑」一詞在《莊子》書中只出現一次，亦非指生死之類自然的變化。見吳怡：《新譯莊子內篇解義》，頁 197。

〔註21〕 見林希逸著，周啓成校注：《莊子鬳齋口義校注》（北京：中華，1997 年 3 月），頁 89。另外，陸西星有不同的解釋，其曰：「刑者型也，型者成也，一成而不可易也。言性成之人，根器自是如此。」雖然他的解釋不同於林希逸，但從「根器自是如此」而知，陸西星亦以爲天刑著重於天之所成。見陸西星：《南華眞經副墨》，中國子學名著集成編印基金會，頁 225。

猶有所待，猶有未樹，不知自事其心，不知至人的行爲乃是由心齋、坐忘而
實踐於外，是同於大通的境界。孔丘頻頻學於他人，反而爲外物所役，與心
齋、坐忘的修養進程背道而馳，無法乘物遊心，無法秉受自然大化所賦予的
生命精神。而企求以諔詭幻怪的名聲傳聞天下，更是執滯於名聲、役於外物，
不知名聲不眞實，至人甚至以虛妄奇異的名聲爲桎梏。

　　成玄英認爲以孔丘這樣的行爲，遭受天刑，乃是「自然之勢，必至之宜」，
〔註22〕即遭受天刑是必然的結果，所以不可解。但是不論企求名聲或執滯於形
跡，不論是自然之勢或執滯於人爲，其實根源都在自己，都是自己所造成的。

　　再者，若假設老聃爲至人，他所說的解除天刑之法，雖然無趾不認爲可行
行，但卻具有重要意義。至人認爲以「死生爲一條，可不可爲一貫」的道理，
就可以解除孔丘的桎梏，等於說孔丘尚且執滯於死生、是非等相對問題、形
跡上，無法用更寬廣的視野、更宏闊的心胸去體驗更精妙圓融境界，但話說
回來，沒有人要他執滯於此啊！

　　可見不知道他的行止是至人所認爲的桎梏，正是由於自是偏狹！縱使知
道這是桎梏，也會因其自是偏狹而不得解。所以執滯於死生、可不可的根源，
仍然是自己的人爲執滯所造成。

　　故知天刑雖說是天然刑罰，但更重要的是：這樣的刑罰是自己有所執滯
而造成，其根源在於自己。孔丘「賓賓以學子」，頻頻學於老聃，正是自己刻
意學習他人的形跡，使自己落入形跡的執滯中，忘卻自己的立場，不知自己
與他人的分際、差異，故說這執滯是自己所造成的，不關被學習者、他人的
事。又「蘄以諔詭幻怪之名聞」，也很顯然的是自己執滯於名，自己落入刑罰
中。故說天刑是由自己造成，天刑的根源在自己。

　　所以王夫之解釋名與刑的關係說：「求名則必蹈乎刑，即刑之所自召也。」
又說：「名者自名，刑者自刑。」〔註23〕意謂求名即自落於刑罰中，刑罰是自
己執滯所造成的。〈大宗師〉也說：「得者，時也，失者，順也；安時而處順，
哀樂不能入也。此古之所謂縣解也，而不能自解者，物有結之。」「懸解」就
是安時處順，是必須自己心意無係著於外物而後可成就，〔註24〕也就是說，

<hr>

〔註22〕成玄英疏：「執於仁義，遭斯戮恥，亦猶行則影從，言則響隨，自然之勢，必
　　　　至之宜也。是以陳跡既興，疵釁斯起，欲不因弊，其可得乎！故天然刑戮，
　　　　不可解也。」見郭慶藩編，王孝魚整理：《莊子集釋》，頁 206。
〔註23〕見王夫之：《莊子通、莊子解》，頁 32。
〔註24〕郭象注：「以有係者爲懸，則無係者懸解也。」見郭慶藩編，王孝魚整理：《莊

不能懸解，無法安時處順，是因自己執滯於外物，才爲外物所束縛。〈庚桑楚〉亦云：「寇莫大於陰陽，無所逃於天地之間。非陰陽賊之，心則使之也。」亦強調個人心靈的自在自適，應當「乘物遊心」，而非爲外物所役，故所謂天刑，其實是刑者自刑，天刑的根源正在自己。

再者，若眞要歸罪於天，恐怕也不可得，〈齊物論〉中有兩段非常有趣的話：

> 有始也者，有未始有始也者，有未始有夫未始有始也者。有有也者，有無也者，有未始有無也者，有未始有夫未始有無也者。俄而有無矣，而未知有無之果孰有孰無也。今我則已有謂矣，而未知吾所謂之其果有謂乎，其果無謂乎？

> 罔兩問景曰：「曩子行，今子止；曩子坐，今子起；何其無特操與？」景曰：「吾有待而然者邪？吾所待又有待而然者邪？吾待蛇蚹蜩翼邪？惡識所以然！惡識所以不然！」

邏輯的推論可以無窮無盡，若欲循其邏輯上的外在根源，或尋求所謂的「第一因」，其實都了不可得，既然如此，又將歸罪於誰？故「有始」、「未始有始」、「未始有夫未始有始」、「吾有待而然者邪」、「吾所待又有待而然者邪」等語，就如楊儒賓先生所說，是「以語言殺語言」，〔註25〕其意義只是：《莊子》欲藉這種互相抵消的方式，使學者認肯當下，提升心靈境界，以安居在逍遙無待中。

五、遁天之刑的意涵

「遁天之刑」在《莊子》中僅有二則，但與「天刑」意義密切關係，故一併探討。〈養生主〉云：

> 老聃死，秦失弔之，三號而出。弟子曰：「非夫子之友邪？」曰：「然。」「然則弔焉若此，可乎？」曰：「然。始也吾以爲其人也，而今非也。

子集釋》，頁 129。林希逸也説：「懸解者，言其心無所繫著也。」見林希逸著，周啓成校注：《莊子鬳齋口義校注》，頁 113。

〔註25〕 楊儒賓先生説：「『有始』、『未始有始』、『未始有夫未始有始』或『有無』、『未始有無』、『未始有夫未始有無』等等，不是一種實體字，亦即不能當成一種具有實際指涉意義的命題，而當是一種「以語言殺語言」的表達方式。藉著這種互相抵消的方式，使學者能安居在一種逍遙無待的心境，至于這種逍遙無待的心境爲何，是不需要再加以論述證成的。」見楊儒賓：《莊周風貌》（台北：黎明，1991 年），頁 43。

> 向吾入而弔焉,有老者哭之,如哭其子;少者哭之,如哭其母。彼
> 其所以會之,必有不蘄言而言,不蘄哭而哭者。是遁天倍情,忘其
> 所受,古者謂之遁天之刑。適來,夫子時也;適去,夫子順也。安
> 時而處順,哀樂不能入也,古者謂是帝之縣解。」

遁天之刑是因「遁天倍情,忘其所受」而得的刑罰,也就是逃避自然之理,背棄情實,忘了所稟受的自然之理所得的刑罰。逃避自然之理,背棄情實,當然就是執滯於私情,這是一體兩面的。老聃的弟子執滯於私情,故於老聃死後痛哭,哀樂入於心中,〔註26〕與其師老聃「安時處順」的境界有天壤之別。可知「遁天之刑」亦是自己執滯所造成,根源也在自己,與天刑一樣。至於帝之縣解,其意義也仍是「安時而處順,哀樂不能入也」,所以當與上述〈大宗師〉的懸解意義相同。

再如〈列禦寇〉云:

> 鄭人緩也呻吟裘氏之地。祇三年而緩為儒,河潤九里,澤及三族,
> 使其弟墨。儒、墨相與辯,其父助翟。十年而緩自殺。其父夢之曰:
> 「使而子為墨者予也。闔胡嘗視其良,既為秋柏之實矣!」夫造物
> 者之報人也,不報其人而報其人之天。彼故使彼。夫人以己為有以
> 異於人以賤其親,齊人之井飲者相捽也。故曰今之世皆緩也。自是,
> 有德者以不知也,而況有道者乎!古者謂之遁天之刑。

此處「遁天之刑」所指有二,一是忿忿的態度,一是自是偏狹。緩對他父說的話,是相當忿怒的,宣穎說:「如緩之忿忿,即其刑也。」〔註27〕忿忿,即落入內心的刑罰。而緩自以為墨的成就是自己的功勞,這就是「自是」了,不知這正是造物者成就墨的天性,不是他能控馭的。就像齊國穿井的人,以為泉水是他所造,所以扭打喝水的人,不知這泉水是造物主所成就的。而所謂造物者,只是個假稱詞,不能實指為一物,〈則陽〉即云:「道之為名,所假而行。」故所謂「報其人之天」,即意在不使人自是,〈大宗師〉曰:「庸詎知吾所謂天之非人乎?所謂人之非天乎?」亦是欲破除天與人的分別,使人不落於自是。

〔註26〕郭象云:「嫌其先物施惠,不在理上往,故致此甚愛也。」批評老聃「先物施惠」不對,顯然郭象的解說錯誤。畢竟弟子不能有所成就,是其個人的偏限,不當歸罪於師。成玄英疏:「是知遁天之刑,屬在哀慟之徒,非關老君也。」才是正確的。見郭慶藩編,王孝魚整理:《莊子集釋》,頁128〜129。

〔註27〕見宣穎:《莊子南華經解》,卷六。

　　再就自是與忿忿然而言，其實忿忿然可說是因自是偏狹而起。自是偏狹，所以私情入於心，喜怒爲用，背棄情實，忘了所稟受的自然之理。有德者都以爲是不智了，更何況是有道者！故說自是，就是遁天之刑。可見遁天之刑實是執滯於人爲所成，其根源亦在於自己，與天刑一樣，且因此自是偏狹，遁天之刑即不得解，天刑亦不得解。但若能自事其心，反求諸己，用更寬廣的視野、更宏闊的心胸不斷去提升心靈，去體驗更精妙圓融境界，將能破除天刑、遁天之刑的桎梏。

六、結　語

　　《莊子》功夫修養進路的「逍遙」義，不僅體現了至人的成就，且說明了各進程間的進展之法，〈逍遙遊〉中提及的「猶有未樹」、「猶有所待」，〈大宗師〉中提及的「可矣，猶未也」，則使修養功夫益形顯豁，而知修行者於各進程間的進展，並不以是非論斷的方式來進展，而是直接創造一個更寬廣的視野、更宏闊的空間、更精妙圓融的境界，希冀個人超越表象行爲的同異而透視其內在意蘊，不汲汲迎合世俗的仁義禮樂而拘束於外物，不要自滿自是，不要主觀別異，不要偏狹侷促於情感、經驗之中，不要執滯於現有的成就，要不斷開拓、進展，以同於大通，體現自然大化的無窮無盡、無己、無功、無名。

　　再者，《莊子》其實對「無所逃」、「不可解」的問題都預示了消解的方式。除了從文本脈絡意義中強調「自事其心者，哀樂不易施乎前，知其不可奈何而安之若命」，「行事之情而忘其身」，以破除「大戒」的侷限，更強調個人心性修養的重要，應當從情感上做積極的調適，使心靈不役於外物，進而「乘物以遊心」，成就至德，如此作爲大戒的義、命很自然地就被消解、忘懷了，這也是「安之若命」的積極意涵。

　　至於「天刑」與「遁天之刑」，意義相同，都是自己執滯於形跡、名聲、死生、可不可、私情等，並自是偏狹所造成，並非外人、外物所加的懲罰，故其根源正在自己，可說是「刑者自刑」。既然天刑是自是偏狹所成，則當從自是的角度說「天刑之，安可解」，單獨說「天刑之，安可解」是有問題的，若天刑不可解，逍遙即不可得，甚至不可理解，所有體道實踐的進程亦成虛妄。故「天刑之，安可解」並不是說完全不可解除天刑，只是說當人既已執滯，又自是無所容，則天刑眞成不可解。當然，若能保持客觀而不自是，不復執滯，則天刑自解，而得逍遙。

　　故知天刑與逍遙實爲一相對的觀念，去除天刑，也就是去除自是，去除自己所有的執滯，而無所執滯，即是逍遙，反過來說，不能逍遙，即是因自是而有所執滯，即落於天刑。而天刑亦非不可解，唯須先除自是，方有可能。

引用書目

1. 王夫之（1995 年 4 月），《莊子通·莊子解》，台北：里仁。

2. 王叔岷（1994 年 4 月），《莊子校詮》，台北：中央研究院歷史語言研究所。

3. 王邦雄（1997 年 4 月），〈道家思想的倫理空間──論莊子命與義的理念〉，《現代化研究》，第十期。

4. 方勇，陸永品著（1998 年 9 月），《莊子詮評》，成都：巴蜀書社。

5. 牟宗三（1985 年 7 月），《圓善論》，台北：台灣學生。

6. 吳怡（2004 年 1 月），《新譯莊子內篇解義》，台北：三民。

7. 吳建明（1999），《莊子安命哲學之探究》，南華大學哲學研究所，碩士論文。

8. 林希逸著，周啓成校注（1997 年 3 月），《莊子鬳齋口義校注》，北京：中華宣穎（1978 年 7 月），《莊子南華經解》，台北：廣文。

9. 徐復觀（1992 年 7 月），《中國藝術精神》，台北：台灣學生。

10. 陳冠學（1989 年 9 月），《莊子新注》，台北：東大。

11. 郭慶藩編，王孝魚整理（1991 年 10 月），《莊子集釋》，台北：群玉堂。

12. 陸西星，《南華眞經副墨》，中國子學名著集成編印基金會。

13. 葉海煙（1990 年 4 月），《莊子的生命哲學》，台北：東大。

14. 楊儒賓（1991），《莊周風貌》，台北：黎明。

15. 劉武（1988 年 12 月），《莊子內篇集解補正》，台北：漢京。

16. 錢穆（1993 年 1 月），《莊子纂箋》，台北：東大

（本文發表於 2007 南臺灣通識教育研討會）